店播

—— 助力中小微实体门店电商转型

刘湘生　　黄卫东　　主编

中国农业出版社
农村读物出版社
北　京

图书在版编目（CIP）数据

店播：助力中小微实体门店电商转型/刘湘生，黄卫东主编. —北京：中国农业出版社，2023.2
ISBN 978-7-109-30437-6

Ⅰ.①店… Ⅱ.①刘… ②黄… Ⅲ.①网络营销
Ⅳ.①F713.365.2

中国国家版本馆 CIP 数据核字（2023）第 030181 号

中国农业出版社出版

地址：北京市朝阳区麦子店街 18 号楼
邮编：100125
责任编辑：马英连
版式设计：杨　婧　责任校对：吴丽婷
印刷：三河市国英印务有限公司
版次：2023 年 2 月第 1 版
印次：2023 年 2 月河北第 1 次印刷
发行：新华书店北京发行所
开本：700mm×1000mm　1/16
印张：8
字数：160 千字
定价：48.00 元

编写人员名单

顾　　问　叶美兰　袁瑞青

主　　编　刘湘生　黄卫东

副 主 编　张东风　唐　娟　王梦原

　　　　　　胡　诚　扈　建　彭　强

编写人员（按姓名拼音排序）

　　　　　　曹旭明　柴堃岳　董　秋　葛九丽　郭文卓

　　　　　　景莉桦　李正豪　刘思佳　潘雅雯　尹　珺

　　　　　　张　卉　郑杏冉

编写单位　江苏省互联网协会

　　　　　　南京邮电大学

　　　　　　江苏互特信息技术有限公司

序
PREFACE

数字经济作为经济形态的 3.0 版本，正逐步成为重组要素资源、重塑经济结构的关键力量。数字经济的发展带来了数据资源这一关键的新生产要素，使营销模式趋于精准化和精细化，生产模式趋于模块化和柔性化。农业、制造业和服务业开始数字化转型，数据驱动、技术驱动、创新驱动，让企业创造出新产品、新业态、新领域、新模式和新市场。

随着新基建的加速推进、5G 技术的商用，网络热潮从 2C 转向 2B，从消费互联网转向产业互联网，垂直行业的应用场景越来越多，应用价值越来越高。与此同时，消费者的消费行为愈发依赖手机与数字化产品，他们在手机上领取消费券、点外卖、寻店探店、购物消费……

然而，中小微实体门店却又是最缺乏数字化能力的一类商家，他们只能守着门店，等待消费者的光顾。他们如同手工艺人，在数字化营销普遍应用之时，竞争力被不断削弱。2020 年新冠肺炎疫情的暴发，更是让中小微实体门店的经营雪上加霜，产品销售困难，客源骤减，而房租、人员等刚性支出却一分不少，许多小微企业经营难以为继。

随着电商、直播等行业异军突起，直播带货已经成为主流的营销形态，展现出勃勃生机的一面，为处在底层的传统中小微实体门店提供了转型的手段和方法。今天还不愿意做直播的商家，犹如十年前不愿意做线上生意，五年前不愿意做社交媒体营销一样，都有落后时代的风险。中小微实体门店应主动化"危"为"机"，积极寻求"危"中"机"会，要牢牢抓住这一机遇，用"网络"思维、"直播"思路让传统门店"枯树开花"。通过线上的产品销售，协同聚焦各方优势资源，用直播拓宽门店销路，增强线上线下各环节的活力，实现价值最大化，其重要手段就是"店播"。

店播是以门店为直播场景进行线上和线下的销售，通过门店直播，实现一对多的销售模式。店播不同于网红直播，它是普通大众的直播，让不会直播（线上销售）的人能直播，让会直播的人能销售更多产品，全面带动各行各业土特精产品的线上销售，实现普通大众的致富。

店播操作简单，能沉淀自己的品牌粉丝，节省成本。相对于网红主播带货来说，店播的优势在于店主可长期布局，慢慢积累粉丝，去粗取精，有效沉淀粉丝，把公域流量转化为私域流量。对于网红主播带货来说，主播的行为稍有不当，对产品销售方的影响是非常大的；如果店铺自己直播，不仅能减少主播带货的高昂费用，而且能避免一些不必要的负面影响。

店播适合各类中小微企业或个人。店播活动必须遵守国家法律、法规，坚持导向正确、诚实守信、信息真实、公平竞争的原则，符合社会主义精神文明建设和弘扬中华民族优秀传统文化的要求，要全面、真实、准确地介绍商品或者服务信息，依法保障消费者的知情权和选择权，严格履行产品责任，严把直播产品和服务质量关，依法依约兑现售后承诺，建立健全消费者保护机制，保护消费者的合法权益，遵守商业道德，公平参与市场竞争；不得有违反法律规定、从事扰乱市场竞争秩序、损害其他经营者或者消费者合法权益等行为。

那么怎样做店播？如何以最小的投入获得最好的收益？本书对店播相关内容的阐述，可以让读者快速对店播及其相关内容有清晰的认知。做好店播，关键要把握好店播三要素：人、货、场。人，指直播间里的人和人设。一个既懂产品而又有趣的主播是店播的关键。货，指产品和供应链。店播所销售的产品是在自己店里卖过的，经得起考究。场，指店播的场景搭建和场观。店播场景能为消费者营造舒适的消费环境。店播的场景既可建在门店里，也可搭在田间地头或工厂车间里。

从 2022 年年初开始，江苏省互联网协会着力打造"店播"公益品牌项目，旨在帮助传统门店提高线上销售技巧，促进传统门店的数字化转型。这次组织编写的《店播——助力中小微实体门店电商转型》一书，用通俗易懂的文字描述什么是店播、如何运营店播，是一个有益的学习材料，希望对有关单位、相关培训机构、广大中小微店主有所帮助。

用"店播"赋能，助力中小微实体门店转型。

南京邮电大学校长、江苏省互联网协会理事长　叶美兰

2022 年 10 月

目 录
CONTENTS

第一章

概　述

第一节　店播的起源

一、电子商务的发展

什么是电子商务？电子商务通常是指卖家通过互联网与买家实现交易，并利用网银进行支付与结算的商务模式。详细描述就是买卖双方在互不谋面的情况下进行各种商贸活动，实现消费者的网上购物、商户之间的网上交易和在线电子支付，以及各种商务活动、交易活动、金融活动和相关的综合服务活动的一种新型商业运营模式。

当下我国的电子商务行业正处于密集创新和快速扩张的新阶段，电子商务行业的发展改变了人们的消费方式，同时促进了传统行业的转型、发展。对比以前的商品销售，电子商务的商品销售优点凸显，包括减少库存、降低交易成本、减少中间环节等。因此，电子商务行业的发展给商家带来了革命性的变化。这种改变吸引了很多人的目光，越来越多的人想在电子商务行业的飞速发展中分一杯羹。普通人想要进军电子商务行业，就需要提前了解一下它的发展历程。

国内电子商务行业的发展大致可以分为三大阶段：

第一阶段称为初创起步期（1997—2002 年）。这一阶段，初步接触互联网的人对于它的发展抱有很大期望，一时间诞生了很多知名电子商务平台，例如8848、阿里巴巴、当当网、易趣网等。在此阶段，人们对于电子商务的了解还不是很多，再加上互联网发展还不是很完善，因此网民数量不多，很多电子商务平台只是昙花一现，整体发展不佳。这个阶段艰难存活下来的平台，后来基本上都成了现在国内知名的电子商务平台，这为后来国内电子商务的发展奠定了基础。

第二阶段称为快速发展期（2003—2007 年）。这一阶段，我国电子商务崛起速度非常快，其发展获得了难得的历史机遇，同时支撑电子商务发展的一些基础设施和政策在此阶段得以发展起来。人们渐渐开始习惯从网上购物,互联网对人们生活的影响力度不断增加。

第三阶段称为创新突破期(2008年至今)。任何行业快速发展达到一个顶端的时候,就需要寻求突破,电子商务的发展也不例外。这一阶段,我国电子商务不断转型、突破,探寻新的发展机遇,找寻新的发展模式。如今,电子商务的转型可以说是多样化的,不同的平台几乎都有自己独特的做法,这是在不断尝试中得到的结果。而当下直播带货这种形式发展火热,它是一种将用户、平台和主播联系起来的模式,这是电子商务发展的一个新模式、新突破和新方向(图1-1)。

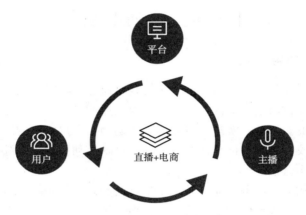

图1-1　直播电商模式

二、直播行业的发展

直播行业起源于2005年,爆发于2016年。在此期间,直播战场由PC端转向移动端,简单来说,就是从用电脑直播转到用手机直播。直播内容也由单一的秀场直播向生活、体育、教育、社交等多领域渗透。其发展历程可大致分为四个阶段:

直播1.0阶段(2005—2011年):以PC端直播为主,分为聊天室模式和演唱会模式,直播内容单一,以秀场直播为主。

直播2.0阶段(2012—2014年):依旧以PC端为主,直播内容逐步丰富。除秀场直播外,游戏直播开始登台。

直播3.0阶段(2015—2016年):由PC端转向移动端,在此期间,大量创业者涌入,上演"千播大战"的场景。由秀场直播演变而来的娱乐直播获得发展,同时直播电商也开始兴起。

直播4.0阶段(2017年至今):以移动端为主,政府对行业进行规范整顿，行业格局从"百花齐放"向"巨头争霸"过渡，流量、主播和资本开始向头部平台聚拢，头部主播获得大部分流量。在这种情况下，直播与电商相结合，直播电商获得了爆发式增长。直播内容渗透到生活、体育、财经、教育、社交、音乐等各个领域。2020 年初，新冠肺炎疫情暴发，线下购物的缺失带动了线上直播买东西的热潮，这将电商直播推上新的台阶。

三、电商直播的发展

电商直播的核心是"电商＋直播"。商家通过直播特有的互动性，拉近与观众的距离，并最终促成购买。简单地说，直播电商就是"带货变现"，而电商直播是商家的营销工具和建立品牌的方式，既是销售渠道，也是客服方式。

电商直播是由带货达人、头部主播、大众直播等直播电商逐步发展起来的。电商直播具有的成本低廉、操作简单、主播群体高收入等优势吸引越来越多的人加入直播带货的行列。

最先开始的是蘑菇街。在成为电商导购平台之前，蘑菇街最初是一个电商搜索工具，而后转型成为消费社区。脱离淘宝之后，蘑菇街开始转型为时尚买手，发力女性垂直电商领域。2016 年，国内接连涌现出了 300 多家网络直播平台，直播用户数快速增长。当绝大多数玩家都专注于游戏直播、娱乐直播的时候，蘑菇街成为"第一个吃螃蟹的"，把直播引入了电商带货。2016 年 3 月，蘑菇街直播功能上线，并逐渐成为一个"直播＋内容＋电商"平台。

在蘑菇街开通直播功能后不久，2016 年 4 月，淘宝直播正式上线，并签约了带货主播第一人。当初她的第一场直播只有 200 个观众，但 4 个月后，就用一场直播带来了 1 个亿的成交额。

2017—2018 年，快手、抖音先后入局。快手直播一开始就是"打赏＋带货"两条腿走路，虽然起步比淘宝晚，但发展却比淘宝快。主打下沉市场的快手直播迅速吸纳了庞大的"小镇青年"群体，并凭借独特的家族文化和天然的私域流量基因，孵化出明星主播，成为继淘宝之后的第二大直播电商平台。

抖音虽然与快手一样，拥有无数主播，但在"货"方面终究比快手慢了一步。2018 年底，抖音才正式上线直播功能，而且最开始的抖音直播门槛很高，需要有 5 万粉丝的基础。对于想要进入平台直播的新手来说比较困难。与此同时，MCN 等专业化服务商出现，通过签约达人、拍短视频获得流量，又通过带货实现流量变现。因此，直播电商开始走向专业化。

2019 年，某网红靠着一句"Oh my God，买它！"成功出圈，成为全网顶流带货主播，也彻底带火了他背后的淘宝直播。4 亿用户涌进淘宝直播间，近百万主播成为淘宝直播生态伙伴，其中 117 位主播年度交易额破亿，有超过4000 万件商品进入直播间。同时，商家参与同比增加了 268％，年成交额突破

2000亿元。

受新冠肺炎疫情影响，2020年实体经济下滑，企业老板亲自下场带货，明星、主持人、网红等也纷纷走进了直播间。拼多多、小红书等平台陆续上线直播功能，电商直播几乎成为所有电商平台和社交平台的标配。抖音更是斥资6000万签约初代网红，直播电商全面爆发，进入了百花齐放的阶段。

2021年，全面直播时代到来，不管是电商大鳄、人气明星，还是工厂老板、美妆柜姐、勤劳宝妈，只要有一台手机，即便你是只有1000个粉丝的素人，也能创造出自己的带货奇迹。拥有线下实体店的老板也纷纷加入直播行列，通过直播销售自家商品。他们利用发展迅速的快递业，将原来只能在方圆几公里内销售的商品卖往全国各地。

从电商直播的历程可以看出，电商直播因低成本、易复制而迅速扩大了直播的外延和版图，从目前的发展势态来看，电商直播发展蓬勃，渐入佳境。

四、店铺直播的形成

2020年初的新冠肺炎疫情，几乎造成了实体经济的停滞，大量实体店关门，出门购物出现困难。疫情对经济的影响是巨大的，然而，社会发展到今天，经济的柔韧性和延展性得以充分显现，网络对经济发展的补充性也得到体现，它加速了整个社会向数字化转型的步伐。将实体店搬上网络变成了必然的选择。因此，2020年可以说是店播的爆发年。

疫情防控期间，人们养成了观看直播、居家办公的习惯。如组织视频会议、教育在线课堂、企业直播营销，当然也有很多品牌商家在做直播卖货。当C端的用户习惯发生变化时，B端自然就有了创新的机会。在抗疫中，可以看到许多实体店开启线上店铺，也可以看到部分传统的实体店开启线上直播带货的尝试。线上直播下单，线下到店自提或者通过快递送达变成很多门店同城带货的新模式。过去，淘宝将零售业搬上网，美团将服务业搬上网，现在，直播正在把线下商品、服务和云体验三位一体搬到网上。

疫情之后的商业中心呈现出不一样的场面。之前一心招揽客人的门店也可能同时做着直播的生意。许多门店将店铺当作直播场景，同时进行线上和线下的销售，并且门店通过直播，可以直接实现一对多的销售模式。线下往往是一个服务员面对一个顾客，线上销售只需要说一遍，便能够传到很多人耳中。时装店模特可以直播服装试穿、功能商品的实时演示以及双向的提问和解答，都可以给观众传递更多的体验感和信任感；零食店通过描述口感、味道来表现食物的美味。店播将自身原来所获取的顾客资源聚集起来，在平台上实现共同交流，并获取更多的流量。

后疫情时代，线上电商加快了线下发展，线下门店也加速向线上数字化转型。店铺直播充分发挥互联网的作用，为实体店赋能，增加效益。线上商品也通过门店社群，获得了新的增量。通过社交网络建立群聊、搭建公众号、小程序等，能将优惠打折信息及时通知所有顾客。店播流程如图 1-2 所示。

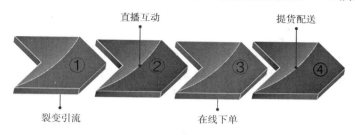

图 1-2　店播流程

与此同时，2020 年也是直播行业乱象的起始年，新兴市场带来的巨大利益吸引了各色各样的人加入其中。直播平台暴露出泛娱乐化、内容杂乱、虚假营销、低俗色情等乱象，主播素质参差不齐，损害观众利益、误导观众行为的事情时有发生。电商带货虚假套路过多，许多知名账号的直播内容都是经过团队策划、演员表演、精心设计的"作品"。带货数据注满水分，呈现出一种虚假火爆的场面吸引大众购买。因此，电商直播监管有待进一步加强，需要针对乱象出台相关政策，促进电商直播的健康发展。

为助力新冠肺炎疫情防控，扎实做好"六稳"工作，全面落实"六保"任务，促就业拓岗位，2021 年人社部、中央网信办、国家广播电视总局共同发布了"互联网营销师国家职业技能标准"，将网络营销师职业分为选品员、直播销售员、视频创推员、平台管理员四个工种。该标准将选品员、直播销售员、视频创推员三个工种设五个等级，即五级/初级工、四级/中级工、三级/高级工、二级/技师、一级/高级技师；平台管理员这个工种设三个等级，即五级/初级工、四级/中级工、三级/高级工。互联网营销师的出现将推动行业进入规范化、专业化、规范管理的新阶段。完善行业规范，建立健全行业诚信体系，帮助实体门店数字化转型和赋能。

第二节　店播的定义

一、店播的概念

店播，即店铺直播，是指在线下有门店的商铺利用直播销售自家商品的行为。详细来说就是在店家原有的实体店基础上，通过创建网上的店铺或者账号，将实体店里的商品挂上直播间的小黄车销售给有购买意向的人，实现店铺的数字化转型，提高销售效率以及顾客的购物体验。

店播不同于网红利用自身的粉丝影响力售卖商品，店播是以"货带人"的形式进行电商直播。在这种模式下，每个店铺都拥有自己的粉丝群体，粉丝可能是原来店铺的忠实拥护者或者是通过直播新获取的线上粉丝，但是大部分都是出于对商品的喜爱和认可才会选择交易。直播的内容也完全围绕商品走，而且在这种形式下打造的直播内容，可以在一定程度上适配店铺商品的风格。同时，店播在直播的过程中给予主播鲜明的人设，培养出属于自己店铺的主播。真正把主播和店铺结合在一起，实现精准吸引顾客，把顾客沉淀到自己的店铺品牌中来，运营自己的私域流量。

店播可以通过直播间的场景化演绎以及场景化提炼让观众更好地了解自己的商品，构建完整的消费场景，提高观众的体验感。店播可以打通商品选购、体验、使用、售后等完整的购物环节，懂商品、懂功能、懂需求，再加上完善的服务保障，店铺主播比其他直播更具优势。店播时间、场地不受限制，能够将所有精力放在销售商品上，给观众更多的信任感。

二、店播的要素

店播所需要的基本要素与普通直播相同，包括"人、货、场"三个要素。本章只做简单介绍，具体内容在后面几章中阐述。

人，即店铺直播间的主播。店播的主播既可以是店家自己，也可以是聘请的主播。主播是店播带货的灵魂，一个懂商品又有趣的主播是店播的关键。对于大型的直播带货来说，主播的专业度是可以给直播间大大加分的。而作为店播这种小规模直播，对主播的要求就大大降低，但是同样也需要在直播前做足充分的准备。主播要提前了解商品的卖点和爆点，只有懂商品才能卖商品；熟悉直播销售流程，充分让观众有被种草、超值、抢到就是赚到的感觉。只有这样，才能有效地吸引观众，引导观众购买商品。

货，即店铺直播间的商品。店播的商品与其他直播不同，其所售商品是在自己店里卖的，经得起推敲。虽然表面上直播带货拼的是流量、人气，但本质上拼的还是商品。商品库存的供应量和价格也是吸引观众的关键。观众进入店铺直播间后，能看到主播全方位地展示商品。真正打动顾客的是主播能够对店播销售的商品有保证，并且满足顾客需求。

场，即店铺直播间的场景。店播带货的前提是场，也就是店播的场景布置。店播场景是观众第一眼的观感体验。观众进入每个店铺直播间，感受到的氛围和气场都是不一样的。因此，店播的场景搭建一定要符合商品品味，拒绝脏乱差。店播画质一定要高清、好看。如果画质模糊，是根本留不住观众的，更别谈卖货，所以一定要给观众优质的观感体验。店播场景除了是店铺本身，还可以多样化，既可以是真实的农村田间地头，又可以是工厂的生产车间，这样更能给观众身临其境的感受。

第三节 店播的特征

一、店播与达人直播的比较

店播是在电商直播的基础上发展而来的，因此电商直播可以分为达人直播和店铺直播。两者的区别主要体现在以下几个方面：

1. 主播方面

达人直播的主播本身就是网红，有一定的粉丝基础，但自己没有品牌，也没有供应链，靠跟各种品牌方合作来卖货，这也是电商直播最开始的一种形态。达人带货主要是靠达人的销售能力，而粉丝们在直播过程中，更多的是抱着休闲、娱乐的心态。

店播的主播基本上都是店家自己，他们是素人。这时的店家更像是一个销售员的角色，观众是冲着货和品牌来直播间的，而不是冲着主播来的。因此，就算有时候店铺直播间换了主播，对观众来说也没有什么影响。

2. 用户方面

达人直播间的观众主要是被达人的知名度、人气、魅力吸引进来的，容易被主播的话术和个人魅力所打动，从而激发出消费欲望，但往往不是观众急需的商品，因此退货率较高。

店播的观众更多是靠店铺效应、口碑宣传、优惠活动等被吸引进直播间的，主要看重的是商品的质量、优惠力度和性价比。而且店铺直播间的观众大多数本身就有购物需求，只要商品和价格合适，就会下单购买，因此退货率不高。

3. 货品方面

达人直播卖货没有限制，可以选择与多个品牌合作，品种丰富，更新较快，灵活度高。但是对供应链的要求也很高，如果一款商品卖爆了，供应链跟不上，对顾客、主播、品牌方三方来说都是损失。货品选择上也很难保证所有商品的质量，一般的主播很难选择到好的供应链。

店播卖的都是自己店铺里的商品，是在线下经过反复检验的成熟商品，供应链也相对成熟稳定，品质更是相对可控。店铺直播间商品的更新速度取决于店铺的上货频率。如果这一个月店铺都没有上新，那么这一个月主播都只能卖同样的东西。当然，对于熟练掌握销货频率的店家而言，这种情况是可控的，可以通过重点推荐、合理组合、性价比优先等营销手段，把店播推荐的商品控制在潜在顾客可接受的范围内。同时，由于自家店铺里的商品利润可控、生产可控，能够保证稳定出货，一般不会发生供应链拖后腿的问题。

4. 带货逻辑方面

达人直播的核心是人带货。基于前期积累的人气或者本身已拥有的粉丝，再通过厂家、品牌邀约、聘用达人进行直播带货。

店播的核心是货带人。店播的店家拥有自己的实体店，且线下销售经验丰富，只需进行简单的培训、指导就能自己直播带货。

5. 付出时间方面

达人直播时，往往给每个商品固定的时间，商品之间衔接紧凑，无法充分描述每个商品的功能。

店播的店家可以随时进行店播，每个商品所投入的时间不受限制，可以充分、有效地介绍自己的商品，促进商品销售。

对比达人直播带货，店播更加具有先天优势、经验优势。实体店经营者一般都有多年的行业经验，对自己这个行业的商品都比较了解，直播时会让观众有专业感，再加上场景的加持，成交会相对容易一些。大数据显示，观众更容易在消费场景里掏钱买东西，而线下实体店就是最好的消费场景。同时，店播还有信任优势，比起网店，在实体店里做直播会更容易获取观众的信任。

二、店播的主要特征

1. 线下粉丝基础

店播有属于自己店铺的粉丝。顾客大部分来源于从前在线下购买商品的顾客以及长期交往的亲朋好友。因此初期要做好店播的运营，有效的私域转化是相当重要的。

2. 门店经验丰富

店播的店家长期经营线下门店，经验丰富、了解商品、熟悉客户需求。直播只是店铺销售的有效补充，是店铺的线上延伸。具有丰富的线下实体店经验更容易在网上销售商品。

3. 运营成本较低

店播不仅门槛低，人人都能参与，而且店铺直播所需要的人、货、场三要素都能够快速获得。

4. 场地不受限制

店播场地限制少，稳定开播，开播灵活性高，有固定货源和主播，商品性价比相对较高。

第二章

人

第一节　店播人设概述

一、店播人设介绍

1. 人设

人设是人物设定的简称，分基本设定和背景设定。人物的基本设定有姓名、年龄、身高及体重等，人物的背景设定有家庭背景、学历背景、从业经验及擅长领域等。人设的基本目的是增加个体之间的差异化。通过差异化的人设吸引观众的关注，提升可信度。主播人设最好和自身性格相近。因为直播的互动频次和互动深度特别高，跟观众的距离很近，很难伪装自己，所以主播更多的时候是本色出镜。

主播的性格特点包括自身的知识、经验、才艺和特质等。在人设与性格不匹配的情况下，主播的直播能力很难有效提升，进步的空间也相对较小。部分主播利用粉丝猎奇的心态，传播一些丑、怪、奇的内容，虽然短时间内有一定的效果，但难以长久。

2. 店播人设

店播人设即主播标签化，就是把主播和一个鲜明的标签联系起来，能够让观众记住。所以标签一定要方便观众记住。例如，"Oh my God！买它买它！"

店播人设可以通过人物的设定来让自己的定位更加鲜明和立体，达到让粉丝通过一个关键词或者是某一句话就可以记住的效果。也就是说，店播人设是让观众对他们更有记忆点，更有话题性。

打造店播人设主要有三个作用：第一，展示店播的与众不同和新鲜感；第二，让观众瞬间印象深刻，形成记忆，同时拉近与观众之间的距离；第三，让观众看完直播后还想看，提升观众的关注度和记忆度。

创造标签是要让观众发自内心地认同店播的理念，引发共鸣，进而加强人设，使店铺形象更深入人心，与设计中简约大方的黑、白色永远是主色调一样，店播人设的永恒核心是"真、善、美"。

3. IP（网络流行语）

IP 是 Intellectual Property 的英文缩写，是一个网络流行语，直译为"知识产权"。商业中所说的"IP"可以理解为个人或品牌的形象，是原创的、可衍生的、可互动的，它自带流量，可与粉丝产生共鸣。例如，某个以"田园美食"为内容进行深耕的成功案例，因为随着生活水平的提高，城市里的年轻人没有经历过传统的乡村生活，并且向往这种与自然融为一体的田园生活，向往远离人群的隐居状态，所以这个 IP 所营造出的古风，浪漫的乡村生活，具有广泛的吸引力和创造性。同时 IP 打造可以利用多平台广泛传播，最大化吸收不同身份、地域的粉丝，最终在 IP 被人们接受后成功推出商品。

二、店播人设类型

店播人设通常分为五种类型，即专业型人设、知识型人设、搞笑型人设、聊天型人设和组合型人设。

1. 专业型人设

专业型人设是指对商品十分了解，能够体现专业度，为观众答疑解惑的店播人设。主播靠一张嘴，从商品功能到商品特性，事无巨细地为观众一一讲述，让观众足不出户就能拥有线下导购般的服务体验。如果商品是服装、美妆等实用商品，主播除了讲解外，还会亲自展示商品的上身效果，让观众能更细致地了解商品的使用效果，同时能够极大地吸引对品质有要求的潜在客户。

2. 知识型人设

知识型人设是指不靠外表取胜，而是靠内在的涵养让观众欣赏赞美的店播人设。知识型主播可以是优雅的、知性的、端庄的，也可以是沉着的、内敛的。他们可以在直播间教授知识、分享经验，从而吸引观众。

3. 搞笑型人设

搞笑型人设是指能活跃气氛，能让观众一进直播间就感受到热情的店播人设。这类主播在直播时可以配合音效时不时来几个段子，观众在毫无防备的时候笑点最低，这样达到的效果最好。搞笑一般表现在动作和表情上，有时候肢体语言更能直接表达，不过主播在搞笑时要注意把握尺度，做过头就有可能出丑。所以这种类型的主播需要懂世故、看眼色。此外，天生长得讨喜且有语言天赋的人会更适合这一人设。

4. 聊天型人设

聊天型人设是指天生爱交朋友，能和陌生人打成一片的店播人设。这类主播能收获更多的粉丝。主播和观众调侃开玩笑，把直播间当成聊天的地方。主播和观众互动最关键的一点就是"说",知道怎么说很重要。主播说话要讲究技巧和风格,知道用什么样的语气打招呼,怎么开玩笑观众不生气,说什么能让观众高兴等,这些都需要把握好说话的度,一定不要以为说得尽兴就好。

5. 组合型人设

组合型人设是指一个主播和一个副播或者一个主播和一个场控等两人及以上一起进行的店播人设,就像对口相声中的捧哏和逗哏。两人配合既可以增加趣味性,又可以相互支撑,避免自说自话的尴尬。组合型店播人设可以和以上四种店播人设搭配、融合。

三、店播客户分析

1. 品牌定位

品牌定位是指店铺的商品和品牌在顾客心中的位置。对于店家而言,品牌定位是指针对目标市场,确定并建立一个独有的形象,以此来对品牌的整体形象进行设计和传播,从而在目标顾客心中占据一个独特、有价值的地位。其实店铺本身就是一种品牌。虽然店铺同时经营多种品牌、多种商品,但是顾客对店铺整体品牌的信任才是重中之重。只要顾客信赖店铺,那么无论销售什么商品都是非常轻松的事情。

2. 店铺定位

明确店铺的品牌定位后,下一步就是确定店铺定位。店铺定位决定了店播的风格和形象。店铺定位通常从三方面进行:

(1)明确商品特征。商品特征是商品自身构造所形成的特色,一般指商品的外形、质量、功能、商标和包装等,它能反映商品对顾客的吸引力。商品特征可以影响顾客对商品的认知、情感和行为,刺激购物,这些特征是凭借顾客自身具有的价值观和过去的经验来评价的。

(2)了解顾客画像。顾客画像就是给顾客打标签,包括年龄、性别、职业、偏好等,将这些标签特征结合在一起,就可以在一定程度上了解顾客的需求。例如,卖汉服的店铺,他们的顾客群体就是一些汉服爱好者,年轻人居多,他们一般会在拍照、演出、活动等场景下购买汉服,注重服装的样式。

(3)配备相应风格。店铺商品、主播气质等决定了店播风格。例如,主播比较酷,就不适合做文艺风或者淑女风的店播;汉服类的店播需要挑选长相较古典,让人有代入感的主播;卖生鲜和农产品的店播需要接地气;卖珠宝、奢侈品的店播,主播要有行业专家的气质。

第二节　店播人设打造

一、店播人设打造

1. 外形打造

（1）发型。男主播要干净整洁；女主播要面部无遮挡，无乱发，头发最好扎起来。当然，这不是硬性要求，可以根据具体场景和卖货需求来定，气质符合店铺形象就行。

（2）妆容。不管是男主播还是女主播，建议尽量化淡妆。如果主播戴眼镜，需要注意眼镜是否会反光，最好佩戴隐形眼镜。

（3）着装。主播着装要干净整洁，符合大众审美。如果是服饰行业，主播直播时的着装就是店铺品牌的最好代言。

2. 心理打造

主播站在镜头前直播，要直面几万甚至几百万的观众，接受他们的评审，因此直播间会发生各种突发状况，这对主播的应变能力、心理素质等都有要求。

（1）真诚可信赖。主播要真诚地把自己认为好的东西分享给大家，商品的讲解尽量中立，就像对朋友种草那样真心实意，让观众信赖。

（2）具有平常心。店播时常会有恶意评论，因此主播需要平常心，机智地化解危机。另外，主播还要有足够的耐心，因为观众会重复提问，这就需要主播耐心解答。

（3）培养幽默感。店播需要一个轻松、欢乐的氛围。如果主播放不开，观众也会感到尴尬；但如果主播善于营造幽默的气氛，观众也能够愉快购物、开心消费。

3. 专业度打造

（1）导购能力。主播要有"柜姐"那样的导购能力。主播在试穿、试吃、试用之后有了自己的经验，在线上跟观众打交道时才有发言权。

（2）专业知识。主播要像达人主播一样，要全面了解商品的相关知识。例如，服装行业，要对衣服的材质、风格、时尚、穿搭等知晓；美妆行业，要对护肤品成分、护肤知识、化妆技巧、彩妆搭配等精通。另外，还必须明白商品的卖点、优势和利益点等。总之，店播的专业度决定了观众对店铺的信任度。

4. 选品力打造

主播的选品力包括要知道什么样的商品适合店播，什么样的商品不适合店播，怎样搭配商品才能达到好的效果等。

选品力某种程度上与主播的专业度相关。主播专业度越高，就越明白商品的卖点和优势在哪里，就越知道怎样讲解才能将商品优势最大化。因此，主播平时要多学习商品知识和行业知识，打造自身的选品力。

二、店播人设提升

店播人设提升的目的是成为优秀主播。如果想成为优秀主播，需要从以下几个方面进行培养：

1. 深谙人性

主播要想把东西卖出去，就要擅长语言与人性的结合。这种技能如果用一个词来概括就是"深谙人性"，就是要有很好的语言组织能力，了解观众的需求。

2. 见多识广

主播要想留住观众，就要见多识广。见多识广的主播能够随时讲解天文、地理知识，会讲笑话，会讲脑筋急转弯。其实能够谈天说地的主播并不常见，但是市场需要见识多、阅历广的主播，因为这类主播受观众喜爱。

3. 刻苦钻研

很多时候，有的主播一天能把 1000 元的衣服卖上百件，而有的主播卖 100 元的衣服，一天也卖不出几件。除了起初定位的问题，最主要的问题是主播对商品知识的了解深度的差异造成的结果。同样的商品，能钻研商品、吃透商品的主播可以全方位地向观众展示商品，观众会被主播在讲解商品时展现出的自信、专业所折服，从而相信主播推荐的商品。优秀的主播需要自己去体验商品、挑选商品、钻研商品，才能为观众提供准确的信息，从而赢得观众的心。

三、店铺主播人选

1. 招全职主播

通常只有月销能做到 50 万元以上或者对店播有战略性布局的大店铺才可能招全职主播，因为全职主播费用比较高。但是要注意主播流失这一问题。由于主播总是播一个店铺的商品，容易陷入复读机模式，进而产生厌倦心理。主播一旦跳槽，不仅店播市场大幅缩减，而且店播付出的各项培养成本也会付之东流。

2. 客服转主播

客服在商品售前、售中和售后服务顾客的过程中，不仅了解商品的功能、优点及卖点等，而且锻炼了挖掘顾客需求、把控转化节奏的能力。客服的基本工资较低，如果从客服转岗做主播，一旦合格上岗且业绩理想，收入也会随之增加，因此有潜力的客服非常乐意接受这样的岗位转变。

3. 运营转主播

如果没有合适的客服，可以让运营做主播。运营的长项在于懂商品、懂流量，只需要在顾客需求、成交节奏等方面加以培训，就可以胜任主播这个岗位。

4. 选品员转主播

做选品的工作人员很懂商品，但容易陷入对商品技术参数的过度解释。如果在语言表达、营销技巧等方面加以培训，能引导顾客成交下单的话，这类工作人员也是主播人选之一。

第三节　店播脚本创制

一、店播脚本的核心作用

1. 梳理店播流程

店播的流程非常重要。店播团队应在开播前确定好店播的内容和形式，而店播脚本有助于店播流程的梳理，使店播有条不紊地开展，让主播更好地掌控店播的节奏，提高带货转化效果。

2. 设计主播话术

对于大部分主播来说，在店播中临场说出非常吸引观众的金句难度较大，因此有必要提前准备好脚本，让主播清晰地知道在介绍每种商品时应运用的话术，以此来吸引观众、刺激观众。

3. 复盘和总结

复盘是一场店播的重要组成部分。店播团队可以在复盘中，基于脚本，清晰地梳理出每个时段、每个环节的问题所在，方便对其做出调整和改善。

4. 增强团队协作

在开播前，主播应仔细阅读脚本，熟悉店播流程和每个环节中自己的职责。店播脚本可以让店播团队之间的信息保持同步，沟通更加有效，进展更加顺畅。

二、店播脚本的基本构成

1. 店播主题

主题是店播的核心，是吸引观众的亮点。因此，一场高人气的店播应该从优选主题开始。店播团队应根据不同的主题开展不同的活动内容。重视主题的选择，一方面帮助主播更加清晰、明了店播的主要内容，方便团队做好每场店播的复盘和数据分析，另一方面帮助观众了解店铺每场店播的主要内容和开播规律。店播主题可以是每月商品上新、节日大促、爆款秒杀、清仓折扣、某商品专场折扣等内容。

2. 时间把控

在开播的准备阶段，店播团队要确定开播时间、总时长及结束时间。每次店播的时长要根据商品的特性、知名度等线上观众实际情况进行有效增减。每场40分钟到2小时都是有效的选择范围，并且每次最好选择固定时段开播，便于观众了解店播的开播规律。要根据商品特点和潜在目标人群选择合适的时段。例如，针对商务人群，要选择晚一点的时段；针对老年人群，要选择早上或晚上早一点的时段。同时，为了扩大观看店播的人群，可以采取固定时段和不固定时段相结合的原则，以固定时段为主，不固定时段为辅，有效扩大观看店播的人群。

时间节奏对于一场店播来说至关重要。店播和电视的晚会、综艺节目一样，需要做好时间上整体的把控。主播应将整场店播划分为多个时间段，并把每个时间段需要做的事情提前规划好，避免在店播时发生因临时更换店播内容而打乱店播节奏的情况。例如，提前规划好开场福利、每一件商品讲解、中场福利、下播福利等环节所用时长，让主播和团队成员更加清楚店播的流程。

3. 活动策划

店播脚本中包含活动策划的内容。通过撰写店播脚本，店播团队可以提前策划直播间的营销活动，也可以在开播前把直播间的优惠活动预告给店铺的新老顾客，吸引他们进入直播间。常见的营销活动包括抽奖、低价福利、优惠券、赠品、满减等活动。

4. 流程安排

通过撰写店播脚本，店播团队可以提前策划直播间的流程，合理设计商品的讲解顺序。商品讲解最好做到上下有呼应、前后有衔接，让观众感到店播有内容、有价值。

5. 主播话术

刚刚起步的店播，主播要提前准备好介绍每一个商品的话术，避免在店播过程中遇到忘词、商品介绍混乱、商品介绍不吸引观众等情况。

三、店播脚本的编写

1. 单品脚本设计

店播运营团队可以将单品脚本设计成表格形式，可呈现品牌介绍、商品卖点、直播利益点、直播时的注意事项等内容，如表2-1所示。这样既方便主播全方位地了解店播商品，也有效避免团队成员在对接过程中出现不清楚的地方。

表 2 - 1 单品脚本设计的基本内容

项目	商品宣传点	具体内容
品牌介绍	品牌理念	××品牌以向顾客提供精致、创新、健康的小家电商品为己任，该品牌主张以愉悦、创意、真实的生活体验丰富人生，选择××品牌不只是选择一个商品，更是选择一种生活方式
商品卖点	用途多样	具有煮、涮、煎、烙、炒等多种烹饪功能
	商品具有设计感	①分体式设计，既可以当锅用，也可以当碗用 ②容量适当，一次可以烹饪一个人一顿饭的食物 ③锅体有不粘涂层，清洗简单
店播利益点	"双十一"特惠提前享受	今天在直播间内购买此款电热锅享受与"双十一"活动相同的价格，下单时备注主播名字即可
店播时的注意事项		①在店播进行时，直播间界面显示"关注店铺"卡片 ②引导观众分享直播间、点赞等 ③引导观众加入粉丝群

2. 整场脚本编写

为了保证店播带货的成功，店播脚本要将整场店播流程做一个详细且可控的安排。比如：

第 0～1 分钟：开播后要立刻进入店播状态，这时候来直播间的观众不多，主播要和最先来的观众打招呼，拉近与观众的距离。

第 1～5 分钟：这个时候直播间的观众多了起来，主播在与观众互动的同时，还需要穿插本场店播 1～2 款爆款。其中，互动方式可以选择签到、打卡、抽奖；商品可以从商品产地、口碑、销量等数据说起，循序渐进，吸引观众眼球。

第 5～10 分钟：剧透今日新款和主推款，并开始宣布本场店播福利。例如，通过互动抽奖、派发红包、秒杀活动等来活跃直播间氛围，聚集人气。另外，还可以设置分享榜奖励，激发观众帮店家转发直播内容，从而带来新的流量。

第 10～20 分钟：按照提前规划好的场景，将今天所有的款全部走马观花过一遍，不做过多停留，但潜在爆款可以重点推荐。整个过程持续 10 分钟，商品可以配套展示。在这个过程中，主播可以不看观众评论，按自己的节奏逐一剧透。

3. 整场脚本模板

整场脚本模板如表 2 - 2 所示。需要注意的是，脚本不是一成不变的，需要根据主播的需求不断优化。在脚本执行的同时，店播团队可以针对不同流程内容的优缺点进行优化和改进，不断调整脚本。

表 2-2　整场脚本模板

××× 店播脚本

店播主题：×××品牌特卖会，秋季美衣如约而至	店播时间：×月×日（14：00—17：00）
店播目标：完成商品销量××单	店播人员：××
预告文案：独一无二的精心搭配，让你做自己的女神（男神）！锁定×××直播间，×月×日不见不散哟	活动策划：抽奖、低价福利、优惠券、赠品、满减等

店播流程

序号	时长	流程	店播内容（商品）	人员安排	店播话术
1		预热、开场			
2		讲解商品	商品一号		
3		讲解商品	商品二号		
4		讲解商品	商品三号		
5		结束			
……					

四、店播脚本的话术模板

1. 店播脚本话术模板

下面是一篇通用的店播脚本话术参考模板。新手店家可以参照其架构、内容和话术，融入自己店铺的特色，撰写具有自己特色的店播脚本。

（自我介绍）欢迎宝贝们来到小林食铺直播间，我是主播小林，我们家做了 10 年的食品工厂了，从我老爷子老老林到我小林，一直致力于做低热量、美味又方便的零食给大家。（介绍做活动的理由）今天我们新账号开播，啥也不多说，红包走一波，今天不赚米，福利送给你！大家看一下我身后所有的这些低热量零食，今天都！只！送！不！卖！来直播间的宝贝们，支持一下小林，（引导互动）左上角点点关注，新来的宝贝们不要走开，3 分钟后提醒我安排红包！

（加强人设）老爷子交代小林了，老人家活到老学到老，一定要把咱家的零食在××（如抖音）发扬光大，所以不计成本都要给宝贝们安排上福利！

哇，现在直播间已经 100 人了，说实话，我没想到第一场开播就有这么多人支持。（创造需求场景）我想了解一下，直播间有没有宝贝是上班族或者是宝妈的？（互动）有的给小林扣个 1。哇，这么多人都是啊！不知道大家平时会不会早上起床晚了，早餐来不及吃？下午三四点饿到低血糖，想吃下午茶的有没有？（放大痛点）唉，我跟你们说，我就是经常睡过头，来不及吃早餐，真的很影响健康。然后下午饿了，想喝奶茶或吃零食，但是又怕长胖，有没有？来，有的给我扣1。

（解决问题）这个时候，你就需要有方便快捷的小面包！咱们家这款低热量高纤维的代餐小面包完完全全解决了你的痛点！（商品卖点）它的热量仅仅是普通面包的1/3，而且里面的黑全麦加量50%，足足扛饿6小时！宝贝们，咱们再也不用担心吃了发胖，不用有心理负担！（商品卖点）而且，这样的小包装设计，出门随手放几个在包包里面非常方便，轻松撕开，一口一个！（放大痛点、互动）你们平时买的全麦面包是不是都很干很柴？是的扣"是"。哈哈，这回你们放一万个心，（商品卖点）咱们这款高纤代餐小面包有非常浓郁的奶香和麦香，松松软软不油腻，全家老小都适合吃哦！（打消用户顾虑）来，凑近一点给大家看看我们的营养成分表，脂肪为0，膳食纤维50%，真正做到好吃不用想太多！

（首次逼单）日常我们某猫旗舰店是卖39.9一箱的，（给出理由）今天刚来抖音开播，我只为了宠粉，5折我都不要你们的，想要体验我们家这款低热量高纤维小面包的，扣一波新品，咱们直接炸一波！来，A宝宝想要，B宝宝想要，小助理统计一下，我看到有30多个宝宝要新品了。（重复放大痛点）宝贝们听好了，平时起床晚了，来不及吃早餐的，下午三四点在办公室饿得发慌的，这款低热量小面包简直是你们的扛饿神器，一口一个吃不胖。

（再次逼单）某猫价格39.9一箱，今天在我直播间，29.9不要，19.9不要，直接9.9给大家抢！好了现在直播间已经300人了，话不多说，倒数5个数我就直接开炸！来，54321，低热量的扛饿小面包，一整箱秒杀，到手价格9.9包邮送到家！

（再次逼单）仅限今天拍下的宝贝，给你们9.9拍一箱送4包，到手是整整的24包！小林给不给力？福利不常有，倒数一分钟，大家抓紧拍，1分钟之后这款福利就下架了！已经抢了30单了，哇50单没了！还剩最后10个库存，大家抓紧时间！

2. 店播脚本话术模板解析

上述的店播脚本话术通用模板中包含以下五个环节（图2-1），也是店播商品讲解流程的基本环节。

（1）提出问题。主播可以给观众抛出一些小问题，例如"有没有上班族上班或家里孩子上学来不及吃早饭的？"，构建一些目标商品具体、生活化的场景，让观众和商品之间产生关联，创造商品使用的场景需求。

（2）放大问题。主播可以针对目标人群提出问题，并放大问题，击中观众痛点。既可以正向放大，强调收益、价值和美好，例如"早餐是每天最重要的

图 2-1 店播流程

一餐，早餐吃好整个人气色会好，工作效率也会变高"；也可以负向放大，放大焦虑、恐惧和危害，例如"很多人因为经常不吃早餐，肠胃变得非常差，特别影响健康和生活质量"。

（3）解决问题。好的主播，经过以上两阶段，可以把一部分观众带入到场景中，此时，可以引入我们的商品，告诉观众该商品可以很好地解决这一问题。主播需要提前做功课，把商品的卖点罗列清楚，并在店播时顺畅且有感染力地把这些卖点传达给观众。比如"我们家这款早餐零食，即开即食，可以一边搭车一边进食""平均每天只需 2 块钱，营养搭配很好，既保证热量，又补充了身体所需的各种微量元素""粗纤维含量很高，不会担心长胖"等。通过这一阶段后，观众往往已经有了购买意愿，需要马上进入下一阶段。

（4）打消顾虑。观众在有了购买意向之后，通常会开始顾虑购买的风险，这时候主播就需要打消他们的顾虑，解决"为什么要在我直播间购买"的问题，常用的方法包括口碑对比、价格对比、竞品对比、客户反馈等方式，目的是给观众充足的理由，打消他们的各种顾虑，建立他们对店播和主播的信任关系。例如，向观众介绍老顾客们收到商品后的反馈都非常好，新来的观众可以购买一件试一试，买回去不喜欢可以七天无理由退换货，或者介绍这一商品是主播的自留款，工作人员人手一件，使观众更加信任其商品，引导他们下单购买。

（5）临门一脚。在兴趣电商中，观众的下单行为很多都属于冲动消费。一旦错过当下的时间点，观众往往就打消了购买意愿，所以，最后的临门一脚也非常重要，这"一脚"要解决"为什么现在买"的问题，常见的方法包括制造商品的稀缺性、价格的合理性、购买的紧迫性、时间节点的特殊性等。

上述五个环节并不是一定要按部就班，而是需要在店播时随机应变，甚至有些环节需要不断重复强调。

第三章

货

第一节　选　货

一、商品属性

商品属性是指商品本身所固有的性质，是商品在不同领域差异性（不同于其他商品的性质）的集合。也就是说，商品属性是商品性质、差异性的集合。最终呈现在顾客眼前的商品就是不同属性交互作用的结果。决定商品属性的因素由以下内容组成。

1. 商品自身

（1）面向顾客群。顾客在购物决策时是感性的还是理性的？是否可以打感情牌？例如，食品零食店铺做 520 店播活动就可以做一个"爱她就用美食喂饱她"的活动主题。实践表明，个人消费者端的顾客在营销上更容易做主题促销，而企业消费者端的顾客因为更加理性，所以打感情牌的效果并不理想，因此面向企业端顾客的商品运营，不必在各活动首页的整体设计、文案策划上花费太多精力，因为企业端顾客更注重商品的性价比。

（2）商品生命周期。是否需要考虑商品的预热与清仓？如果商品生命周期较长，如家居日用、家装家具、内衣袜子、化妆品、书籍等，运营时可以考虑商品的持续推进；如果商品生命周期较短，如服装、饰品等，运营时更需要考虑商品的预热及清仓。

2. 顾客决策

（1）需求强弱。是否可以通过营销刺激顾客需求？针对刚需品，店播在宣传中如果强调"为什么需要"就显得毫无必要。因为对于这类商品，顾客更关心"为什么要买你家的商品而不是别人的商品"，所以宣传重点就应该放在商品与竞品的差异化优势上。反之，对于一些"可买可不买"的商品，店播宣传时就更需要强调"为什么你需要这样一款商品"的话题。

（2）品牌敏感度。谁才是真正的竞争对手？顾客购买的时候不一定会购买品牌商品，例如顾客一般不会在意家里的蚊帐是什么牌子，使用的手机壳是什么牌子。但是，如果顾客需要买手机、电脑等商品，一般都会选择品牌商品。因此，从品牌敏感度出发，店播要能够区分究竟自己的商品是在和谁竞争，和谁构成竞争关系，注意力应该放在谁那里。

（3）价格敏感度。降价促销是否能够快速提升销量？商品视觉要做的高大上吗？如果是高价格敏感度的商品，即客户对商品价格浮动较敏感，那么店家降价能促进销量的快速提升；如果是低价格敏感度的商品，即顾客对商品价格浮动不敏感，那么店家需要从更新商品设计、商品包装等视觉上打动顾客。

（4）消费频率。店铺的销售重点应该放在新客，还是老客？如果商品使用周期较长，使用过程消耗较少，例如手机、手表、办公桌椅等，店铺更需要注重商品的售前服务，寻找新顾客；如果商品使用周期较短，需要多次重复购买，例如墨盒、纸巾、服装、鞋帽等，店铺需要增强顾客黏性，提升回购率。

二、商品特征

1. 商品信息易网络传播

商品信息越容易网络传播，顾客就越能够充分了解商品或服务各方面的信息，从而做出性价比高低的判断，成交的可能性自然增大。

在传统营销方式下，顾客可以通过各种感观、知识和经验来判断商品的性价比，而网络营销的时空跨越性使得触觉、嗅觉等部分感观不能派上用场，并由此带来商品信息的失真和限制。

对某些商品来说，失效的感观在商品评价过程中的作用微不足道，其营销工作不会因时空隔断受到影响，这类商品就具备网络易传播的优良品质。例如，书籍的信息很适合通过网络营销，只需把作者、出版社、版本和价格等信息标注清楚，顾客就能够决定是否购买了。

但对某些商品来说，失效的感观可能会在购买行为中起着重要作用。例如，顾客选购钻戒时，通常需要戴在手上实际体验，而网络营销的时空跨越性使顾客不能得知试戴效果的好坏，因此钻戒并不太适合网络营销。

不同顾客关注商品的信息有所区别。有人关注外观，有人重视质量，有人注意品牌。不同的信息判断对各种感观的要求程度是不一样的。因此，商品是否具有网络易传播性、商品信息充分与否对不同顾客来说可能结论并不相同，这就要求店家要有明确的目标群体定位，并把握其消费特征和关注焦点。

2. 商品价格低

顾客在交易过程中所支付的全部成本称为顾客总成本，包括货币成本、时间成本、精神成本和体力成本等。与货币成本紧密联系的商品特征是价格，这里的价格是指含运费的价格。一般价格低的商品容易达成交易。

如果商品的价格较低，即使购买决策错误也不会带来多少损失，顾客就容易产生购买行为。这一特点说明，价格低的商品网络适应性强。这就是为什么每天有大量、低廉的日常生活用品通过网络销售出去。

但是，对于价格低的商品来说，运费有时候会成为购买决策的决定因素。例如，从北京将一个价格为2元的杯子运送至海南，其运输费用高于商品本身的价格，因此这类商品就不适合网络销售。

三、商品定价

1. 定价技巧

（1）非整数定价。在商品营销上，定价适宜会给商品促销增添附加能力，间接达到推广的作用。聪明的店家一般不会把价格定为整数。例如，一双鞋子想卖100元，店家会标价为99.9元，这样不仅会让顾客潜意识里有价格不足百，只是几十的错觉，还会让顾客觉得，店家的价格是经过精确的成本核算的，从而激发顾客的购买欲望。实践证明，这种"非整数价格法"的确能够激发出顾客的购买欲望，从而获得明显的经营效果。

（2）差异定价。一般店家习惯把同类商品标上同一个价格，但是如果将同类商品标上不同的价格，那么不仅可以增加店铺商品的种类，而且让顾客有对比的机会。例如，对于同类衣服，可以对款式简单的标低价，对款式稍复杂（带花纹等）的标较高的价格，这将方便顾客选择商品，并且对销量会有一定的刺激作用。

（3）折扣定价。设置会员折扣是店家常用的定价方法。为了留住顾客，店家可以设置顾客级别，会员等级越高优惠越大。只要折扣定价策略制定合理、执行到位，就能让顾客接受。例如，高级会员打8.6折，一般会员打9.0折，新顾客打9.4折，非会员打9.8折。

（4）高位定价。高位定价或低位定价能提高交易量。当店铺的目标顾客是高消费人群时，可以将商品定高价，利用顾客求新、求异、求品位、攀比等消费心理，以便获取尽可能多的利润。但是在采取高位定价策略时要慎重，只有具有独特功能、独占市场、仿制困难且需求弹性小的商品，才能在较长的时间内保持高价，否则价格太高会失去顾客。

（5）低位定价。低位定价在通常情况下是有市场竞争力的，但并不是价格低就一定好卖。因为过低的价格可能会造成顾客对商品质量的不信任。店家要有效地运用低位定价策略，将进货成本、经营费用控制在日常开销的合理范围内，且存货周转速度要快，尽量要让商品都能被卖掉。此外，店家要对商品的性能和质量很熟悉，能够充分向顾客说明价格便宜的原因。

2. 定价变化

商品定价并不是一成不变的，需要根据市场环境和顾客需求适时调整。

（1）价格上涨。作为店家，不要过于担心商品涨价，而要在经营中做到，即使提价不仅不会引起顾客反感，而且会吸引顾客上门。这就必须针对不同时期、不同商品以及顾客的不同心理运用适当的涨价技巧。

①涨价方式。商品涨价可分为全部涨价和部分涨价。全部商品涨价容易遭到顾客的抵制，因此通常采用部分涨价的方式。对于涨价的那部分商品，随着时间的推移，顾客会逐步适应原来无法接受的价格，销售量也会随之上升。

②涨价幅度。每次涨价幅度不宜过大。因此，如果需要调整的商品价格幅度较大，则应采取分段调整的办法，让顾客逐步接受。从经济数据看，每次价格上涨的幅度不宜超过 10%。

③涨价时机。涨价要找准时机。例如，可选择采购成本上涨、季节性商品换季、节假日等时期。这些时期，顾客对价格的关心程度最低，对商品本身的关心程度更高，这时涨价往往不会引起顾客的抵触。

（2）价格下降。降价是指店家在一定时期内为扩大销量，面对市场压力（竞争对手、商品更新换代等），利用降价策略快速占领市场，提升市场占有率的促销行为。商品降价时，可能会促销，也可能会滞销，因此，需要运用适当的降价技巧。

①降价理由。店家应找出一个合适的降价理由，让顾客认识到这是一次绝好的购物机会，而不是商品卖不出去或质量不好才降价。店家降价的理由通常有换季降价、新店开张、周年庆、情人节、"双十一"、圣诞节等。

②降价品种。少数几种商品大幅降价，比多种商品小幅降价促销效果好。在降价时，店家必须做到心中有数，确定哪些商品适合降价，哪些商品不适合降价，再确定是否降价。店家要清楚每个品种降价多少才能吸引顾客、获利最大。

③降价幅度。降价幅度至少要在 10%～20%，才会产生明显的促销效果。当降价幅度超过 40% 时，必须说明大幅降价的充分理由，否则顾客会怀疑这是假冒伪劣商品，反而不敢购买。

特别强调，不管是涨价还是降价，都要做好服务。只有做好服务，才能使自己的涨价或降价达到预期的定价变化目的。通过价格来吸引顾客，通过服务让顾客满意，做到相互促进，将店铺做大。如果没有良好的服务来支持，只是纯粹地涨价或降价，作用是有限的。

第二节 网 货

一、性价比商品定位

市场上有众多的商品，店家如何选择性价比较高的商品来做店播呢？依据商品直播渗透率和成熟率的不同，可以将商品分为新入型、成长型和成熟型三个类型。例如，新入型商品包括家居家装、图书音像、本地生活、汽车等行业的商品，成长型商品包括生鲜食品、家电数码等行业的商品，成熟型的商品包括服饰鞋包、美妆护肤等行业的商品。

在店播中，越成熟的商品推广难度越小。因为这些商品已经被其他店铺推广起来了。因此，成熟型商品的直播渗透率较高，但在市场中的竞争激烈程度也相对较大。而新入型商品与其恰恰相反，新入型商品的直播渗透率较低，推广难度较大，需要花功夫来打开此类商品的市场，因此新入型商品的市场竞争程度一般较小。

店家应综合考虑商品推广难度、市场竞争程度等因素，选择发展前景较好、推广难度较小、市场竞争不大、性价比较高的商品开展店播。此外，店家还应尽量选择容易运输、重量较轻、不易破损的商品开展店播。因为这类商品在运输成本上更具性价比，在售后退换货方面也更易操作。

二、引流商品定位

依据商品在直播中的不同作用，可以分为新品款、主推款、引流款、利润款、秒杀款及福利款等六种类型。例如，新品款可以用来刺激直播间的老顾客；引流款可以用来给店铺引流，增加直播间的人气；利润款的利润空间较高，直播间人气上来后可以快速创造利润；秒杀款和福利款可以用来增加观众在直播间停留的时长。

引流款具有性价比高、需求量大、客户点击率高等特点，用于吸引更多用户进入直播间，从而带动店铺其他商品的销量。

那么如何选择引流款呢？因为是引流款，所以要对观众有吸引力。一般选择以下几种类型的商品作为引流款，如图 3-1 所示。例如，店家可以选择一些市场热度高的商品，将其价格定得稍微低一些，低利润或者无利润销售，有利于大量流量进入直播间。

店播中需要多少引流款呢？店家可以根据自己店铺的情况，设置 3～5 款或者全部商品 10% 左右的商品。如果引流款商品运营得当，会有更多的观众进入直播间，最终达到更多人下单购买的目的。

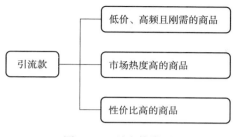

图 3-1 引流款类型

三、网货商品定位

店家应该明白，能够打造成网货的商品必须是优质的；打造网货可以让好的商品变得更好，而不是让差的东西变好。商品本身自带许多优点，因此，店家应充分挖掘商品的优点，将其打造成吸引人眼球的网货。

1. 直击痛点

网货应能够满足观众某方面的需求，甚至是解决观众某方面痛点的。因此，打造网货可以将商品包装成能够解决观众某方面痛点问题的商品，使观众感受到商品满足了自己的需求点，从而更好地刺激消费。例如，销售一件裙子时，可以将商品打造成一款适合胯宽腿粗女生穿，而且可以显瘦显高的裙子，解决了胯宽腿粗女生在穿衣方面的痛点，这样更能吸引客户的目光，刺激其消费。

2. 建立联系

打造网货需要构建商品的多个使用场景，让商品与观众之间建立关联，引导其下单购买。例如，介绍一件衣服很百搭时，可以提供此款衣服在多种场景中的穿着搭配，如在职场工作、家庭聚会、外出旅行、休闲逛街等的穿着图片，让观众认识到这款衣服的百搭效果，增加观众下单购买的意愿。

3. 设计卖点

没有普通的商品，只有普通的销售。在商品创作方面，卖点的体现和表述决定了直播间商品的需求和热度。因此，打造网货需要精心设计商品的卖点。设计卖点的维度包含很多方面，例如商品设计特点和细节、材质和对商品横纵向的对比、销量和评价、物流、品牌和荣誉、强需求和弱需求等，如图 3-2 所示。

卖点应该能够吸引观众下单。店家可运用正宗、纯手工制作、高品质、重工制作、正品、今年特别流行、性价比超高、版型超级显瘦等抓人眼球的词汇吸引和打动观众，让其产生兴趣和购买欲。

产品设计特点 和细节　　材质、对比　　销量、评价　　物流　　品牌、荣誉　　强需求和弱需求

图3-2　设计卖点的六大维度

4. 差异化销售

店家应多维度地寻找本店商品区别于其他店铺类似商品的特性，打造商品的独特性，开展差异化销售，而不只是一味通过低价宣传来吸引观众。

销售独家商品是差异化销售一个很好的例子。直播时，可以宣传该商品仅本店可售，意味着观众在别家买不到该商品。这有利于本店商品与其他同类店铺的商品有效区分开来，更容易吸引观众的目光，提高顾客忠诚度。

四、商品组合策略

直播间的商品组合策略十分重要，其对直播间点击率、用户停留时长、互动率、转粉率、商品点击率、销售转化率、直播间销售额等数据都会产生影响。商品组合策略主要有以下四个方面。

1. 具有关联性的商品合理组合

依据商品之间的关联性，可以将直播间中的几款商品建立关联度。顾客对其中一件商品有兴趣，就可能爱屋及乌，进而对关联商品产生兴趣。一方面带来用户停留时长的增加，另一方面形成连带销售，提高直播间的整体销售额。

（1）依据商品外观合理组合。依据商品外观来搭配组合的方式适用于以外观或款式为卖点的商品类型。例如，在珠宝首饰类的直播间，店家可以把耳环、项链、手镯、戒指等商品搭配组合；在厨房餐具类的直播间，店家可以把碗碟、筷子、汤勺、桌垫等商品搭配组合；在家用家具类的直播间，店家可以把衣柜、床、电视柜、沙发、吊灯等商品搭配组合；在服装类直播间，店家可以把几种相关度较高的商品搭配组合，将链接放在直播间购物车里相近的位置。举例来说，店家可以在1号链接放时尚黑色蝴蝶头饰，2号链接放一件与黑色蝴蝶头饰非常搭配的新款甜美衬衣，接着3号链接放一条时尚黑裙。此时，如果顾客购买其中一件商品，看到主播在镜头前展示三件商品都穿戴上身的效果，就可能刺激其购买另外两件商品的欲望。这时，主播巧用促单的话术，很容易让顾客做出购买另外两件商品的决策，从而形成连带销售。如图3-3所示。

（2）依据商品功能合理组合。除了依据商品外观合理组合以外，还可以依

1号：时尚蝴蝶头饰

2号：春季新款衬衣

3号：春季新款时尚黑裙

图 3-3　依据商品外观合理组合

据商品的功能、功效等属性来搭配组合，达到直播连带销售的目的。例如，在户外运动类的直播间，店家可以把登山包、登山鞋、水壶、救生绳等商品搭配组品；在美妆类的直播间，店家可以依据商品功能将几个商品搭配组合。以店播防晒霜为例，店家可以在 1 号链接放防晒霜，2 号链接放卸妆油，3 号链接放清洁去油的洗面奶。主播讲解的逻辑是，白天用完防晒霜后，晚上需要用卸妆油卸妆，接着需要用清洁去油的洗面奶做最后清洁。这样主播就把三款商品串联组合起来了。另外，还可以设计价格梯度和组合优惠，这会带来更好的商品转化效果。

2. 高频商品与低频商品合理组合

销售汽车、空气炸锅等商品的直播间的回头客较少，顾客往往买过一次后不会再次购买，因此，此类直播间难以长期维持较好的人气和销售量。店家可以将高频商品与低频商品搭配组合，将商品类型纵向或横向延伸。例如，销售汽车的直播间，店家除了销售汽车，还可以销售汽车零配件、装饰品等商品；销售空气炸锅的直播间，店家除了销售空气炸锅，还可以销售其他厨房用具、食材等商品。

3. 季节性商品与常年性商品合理组合

当直播间主要销售季节性商品时，店家应选取一些常年性商品与其组合。如果直播间的商品全部是季节性商品，会导致季节性商品过季后，直播间的人气、销售额等数据出现断崖式减少。为避免这一情况发生，店家应选取常年性商品与季节性商品组合起来销售。

4. 高单价商品和低单价商品合理组合

高单价商品和低单价商品合理组合可发挥相互拉升的作用。如果直播间销售的都是高单价商品，许多观众往往会持观望态度而不下单购买。此时，可以将一些可拆分销售的商品拆分成好几份来卖，这样每一份的价格低了许多，从而降低了购买门槛。例如，销售新鲜牛肉的直播间，原本需要客户 3 斤起买，有些客户也许想要购买，却担心买来的牛肉品质不好或分量太多吃不完。店家可以把牛肉拆分成小袋包装的试吃品，并设置 9.9 元等较实惠的价格吸引观众购买试吃。观众购买试吃后，如果认可本店的牛肉品质，往往会回购。另外，店家可设计直播间商品的价格梯度，例如尝鲜价为 9.9 元，1 斤价为 49.9 元，3 斤价为 129.9 元，如图 3 - 4 所示。观众看到买得越多越划算，便会因为想要享受更优惠的价格而购买更多的牛肉。

1号：9.9元澳洲进口牛肉尝鲜价（限一份）

2号：49.9元澳洲进口牛肉1斤

3号：129.9元澳洲进口牛肉3斤

图 3 - 4　高单价商品和低单价商品的合理搭配

第三节　发　货

一、考虑因素

发货解决店家与顾客之间价值共创实现的"最后一公里"问题。顾客对派送效率、商品完好性和专业特色化服务等都有所要求。许多店铺在店播带货过程中会将顺丰包邮、次日达等作为吸引顾客的品牌宣传。可见，发货在店播运营中起着重要的支撑作用。

在选择第三方物流商时，店家不只要考虑价格，还要考虑其服务和时效。

服务包括第三方物流商工作人员的服务态度、丢件压件处理方式等方面。如果第三方物流商服务态度不好或是经常发生丢件、压件等问题，那么与其合作期间也容易遇到很多麻烦和不愉快的事情。时效是货物从交付给快递员手中开始，直到收件人收到快递为止，这个过程所需要的时间。如果快递寄到顾客手中所花的时间太久，就会影响店铺的物流服务评分和用户体验感。

二、寄件攻略

常见的第三方物流商有邮政快递、京东快递、顺丰速运、申通快递、圆通速递、中通快递、百世汇通、韵达快递、德邦快递等。其中，邮政快递、京东快递、顺丰速运的经营模式是直营模式。直营模式是指由公司总部直接投资、经营、管理经营网络和路由的经营形态。"四通一达"的经营模式是加盟模式。"四通一达"是申通快递、圆通速递、中通快递、百世汇通、韵达快递五家民营快递公司的合称。加盟模式是总部按区域设立总加盟商，在总加盟商下面继续划分给更小的加盟商分包，一直分包到最基层的网点，总部提供网络接入，并对加盟商的人员培训、组织结构、经营管理等予以协助，加盟店需付出相应对价的经营形态。

1. 考虑主要因素

店家应考虑主要因素，从而选择合适的第三方物流商。例如，注重寄件服务和时效最优，可以选择顺丰速运、京东快递；注重价格，可以选择申通快递、圆通速递、中通快递、百世汇通、韵达快递；需要寄偏远地区，可以选择邮政快递；需要寄送大件，可以选择德邦快递、京东快递；需要寄送生鲜商品，可以选择顺丰速运、京东快递；需要寄送重要文件，可以选择邮政快递、顺丰速运。

2. 注意货比三家

店家应对比多家第三方物流商给出的快递条件，从中选择性价比高的合作对象。而不是只问了一两家后，就轻易选择某家第三方物流商。在不同的地区，各家第三方物流商的收费模式不同，需要结合所在地区的具体情况来择优选择。

3. 询问寄件事项

需要询问的寄件事项包括快递首重和超重部分的价格，是否上门取件，是否提供包装盒及电子面单打印机等，快递丢件、破损的处理方案，不同收件地区的寄件价格，例如寄到北京如何收费，寄到新疆如何收费等，不同梯度的寄件价格，例如每月寄 20 件如何收费，每月寄 50 件如何收费，每月寄 100 件如何收费等。

第四章

场

第一节　基本装备

一、网络条件

店播需要稳定、顺畅的网络条件，不能出现长时间卡顿、断网现象，否则将是店播遇到的严重事故。需要特别注意的是，要关注上传速率，而不是下载速率。除了配备一条专线网络外，还可以配备一条备用专线网络。除此之外，无线路由器也需要提前设置好。因此，每次直播前确保网络通畅，可以保证直播的流畅，提高观看感受。

二、拍摄装备

1. 手机

对于刚刚入门的店播小白，手机直播是最好的选择。以抖音、快手为例，账号需要一定的粉丝量才能开启电脑直播权限，所以新手或账号粉丝不多的主播不适合电脑直播，建议采用手机直播。手机不受场地限制，方便携带，利于直播，如图 4 - 1 所示。

图 4 - 1　手机

手机直播一般需要两部手机，一部手机用于直播，另一部用于上商品链接或者放伴奏音乐。选直播手机看三个指标：摄像高清、大内存和稳定性。建议选择品牌手机，一是画质清晰，传输中不会压缩；二是长时间直播稳定性好，因为性能均衡，声卡的音质也最好。

2. 麦克风

在直播过程中，可以直接使用手机进行收音。如果觉得收音效果不佳，可以单独配备麦克风。不同的直播带货场景要选择不同的麦克风。麦克风有常规话筒和领夹式麦克风两种，如图 4-2 所示。如果是室内固定机位，建议选择常规话筒；如果是吃播或户外直播，建议选择领夹式麦克风。

图 4-2　麦克风

3. 照相机

商品上架需要拍摄照片。通常普通手机就可以满足需求，但对于照片质量有要求并且需要突出商品细节时，建议选择专业照相机进行拍摄，且直播宣传拍照也能用到照相机，如图 4-3 所示。

图 4-3　照相机

4. 摄像机

店播初期可以使用手机进行，但当整个店铺的销售量和粉丝不断上涨后，就需要更加专业化的摄像机。因为专业化的摄像机能够采集输出高清、优质的直播画面，比手机直播效果更佳，如图 4-4 所示。

图 4-4 摄像机

三、辅助装备

1. 支架

当主播使用手机直播时，可以利用手机支架来支撑话筒和手机。支架不仅可以进行角度调整，还可以固定一些物体。根据直播场景不同的需求，支架有不同的款式。目前常见的手机支架有落地式支架和桌面式支架两种，如图 4-5 所示。例如，经常坐着的主播，可以用八爪鱼支架或者桌面式支架。在选支架时，主要关注稳定、轻便和可多角度灵活拍摄这三个要点。

图 4-5 支架

2. 补光灯

补光灯的作用就是给直播间一个比较柔和又足够亮的光线，让主播和商品看起来更上镜。店播为了方便，可以使用带补光灯的手机支架，但效果肯定不如专业补光灯好。专业补光灯有美颜灯、球形灯、日光灯这三种，如图 4-6 所示。如果补光灯配合灯罩使用，直播效果更佳。

另外，补光要遵循一定的原则，如图 4-7 所示。

图 4 - 6　补光灯

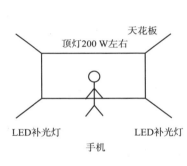

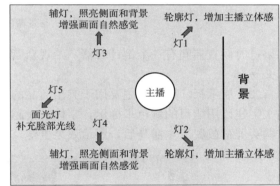

图 4 - 7　补光原则指示图

3. 布景

直播间的布景很重要，一定要能促进销售。布景包括背景墙、壁画、窗帘、摆件、地毯、彩灯、娃娃、挂件等。可根据主播风格、商品特点、品牌风格、节假日等更换布置风格，如图 4 - 8 所示。

店铺也可以选择实景进行直播。例如，工厂类直播，可以在工厂仓库、车间、流水线等地进行直播；卖场类直播，可以在商场柜台、批发市场档口等地进行直播；生鲜类直播，可以在海边、海鲜市场等地进行直播。

4. 其他辅助装备

（1）计算器。在直播卖货时，主播经常会以打折的方式来促进客户下单，与单纯的口头表达相比，观众更愿意相信计算器呈现的数字，而且计算器声音一定要外放，这样会更有说服力。

（2）倒计时器。直播卖货的优惠方式不仅仅有打折商品，还有秒杀商品。

图 4-8 布景截图

如果这时候直播间有一个倒计时器，给观众营造紧迫的购买气氛，就更容易促成交易。

（3）展示板。展示板主要用于突出商品的优惠活动和价格优势。展示板上的文字建议用醒目的颜色来标示，字体越大越好。店家如果有足够的资金，可以购买屏幕放置于主播身后，展示效果更佳，如图 4-9 所示。

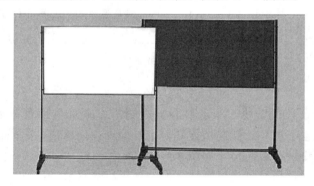

图 4-9 展示板

第二节　开播准备

本节以抖音开播为例，图片仅作为示例，具体以线上实际页面为准。

一、注册账号

注册账号的步骤如图 4-10 所示。

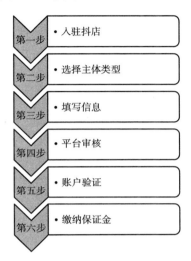

第一步 • 入驻抖店

第二步 • 选择主体类型

第三步 • 填写信息

第四步 • 平台审核

第五步 • 账户验证

第六步 • 缴纳保证金

图 4-10　注册账号的步骤

1. 入驻抖店

访问抖店官网,即抖音电商入驻平台,网址为 https://fxg.jinritemai.com/,如图 4-11,使用手机号码接收验证码入驻抖店。

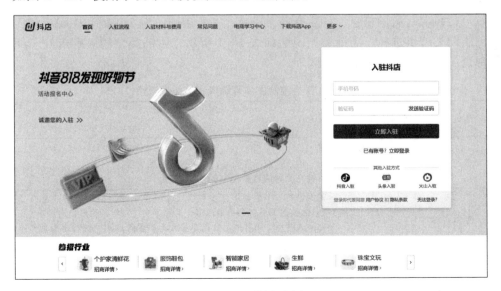

图 4-11　抖店官网

2. 选择主体类型

抖店有个体工商户、企业/公司和跨境商家三种主体类型供选择，如图 4-12 所示。

图 4-12　主体类型

主体类型一旦选择，认证后将无法修改。因此，请务必根据营业执照类型，按实际情况选择主体类型。

3. 填写信息

（1）填写主体信息。填写主体信息包括营业证件信息、经营者/法定代表人等信息。

（2）填写店铺信息。抖店有普通店铺、专营店铺、专卖店铺和旗舰店铺四种店铺类型供选择，店铺类型说明如表 4-1 所示。店铺类型的区别仅在于品牌资质要求，没有其他功能区别。

表 4-1　各类经营主体可选择店铺类型说明

店铺类型	个体工商户	企业
普通店铺	·适合无品牌店铺 ·无品牌资质要求，但店铺有品牌商品，需要提供品牌资质 ·完成入驻后，可补充品牌信息修改为其他店铺类型	
专营店铺	不支持	·需保证有 1 个类目下至少包含 2 个品牌（支持授权品牌或自有品牌），其他类目下可包含 1 个或多个品牌（支持授权品牌或自有品牌） ·完成入驻后，可补充品牌信息修改为旗舰店，不支持修改为其他店铺类型
专卖店铺		·可经营 1 个或多个授权品牌，但多个授权品牌需属于同一商标所有人 ·完成入驻后，仅可补充品牌信息修改为旗舰店，不支持修改为其他店铺类型

（续）

店铺类型	个体工商户	企业
旗舰店铺	不支持	·可经营 1 个或多个自有品牌，也可经营 1 个或多个一级独占授权品牌，但多个授权品牌需属于同一商标所有人 ·完成入驻后，不可补充品牌信息修改为其他店铺类型

备注：
①授权品牌：商标为 R 标(R 是注册商标的标记，意思是该商标已在国家商标局进行注册申请并审查通过，成为注册商标，有了《商标注册证》或者 TM 标（表示该商标已经向国家商标局提出申请，并且国家商标局也已经下发了《受理通知书》）均可以授权。
②自有品牌：商标为 R 标或 TM 标均可进行授权。

4. 平台审核

平台审核包括审核时长和审核通知两个内容，具体说明如表 4-2 所示。

表 4-2　平台审核说明

审核项目	情况	说明
审核时长	——	·国内店家：平台将在 1～3 个工作日内进行审核 ·跨境店家：平台将在 1～5 个工作日内进行审核
审核通知	提交审核	·短信通知：资料信息审核中，预计 1～3 个工作日出结果，请耐心等待
	审核通过	·短信通知：资料信息审核通过，请进行账户验证操作；您的小店已通过资质审核，按照后台提示继续通过账户验证后，完成保证金缴纳就可以正常营业，待缴纳保证金××元
	审核不通过	·短信通知：资料信息审核未通过，请修改资料后重新提交

5. 账户验证

账户验证有实名验证和打款验证两种方式。

（1）验证流程。实名验证和打款验证的流程不同。

①实名验证流程。实名验证流程简单，共三步：第一步，填写经营者/法人个人名下的银行卡号；第二步：输入银行预留手机号，填写验证码；第三步：完成验证。

②打款验证流程。打款验证流程比实名验证流程多四步，共七步：第一步，填写企业对公银行卡号；第二步，选择开户银行；第三步，选择开户支行所在地；第四步，选择开户支行；第五步，等待打款验证；第六步，平台已打款，待回填金额；第七步，完成验证。

（2）验证规则。账户验证规则因主体身份和归属地的不同而不同，如表 4-3 所示。

表 4-3　验证规则

主体\归属地	个体工商户	企业
大陆身份证	·默认"实名认证" ·仅支持经营者个人银行卡号	·"实名认证"与"打款认证"二选一 ·实名认证：支持法人个人银行卡号 ·打款认证：企业对公银行卡号
非大陆身份证	·默认"打款验证" ·打款验证：提供对公银行卡号	

注意：如果账户发生变更、需要更换验证账户，请先用原账户发起验证，连续填写3次打款金额（随意填写），系统验证失败3次后会提示更换账户。

6. 缴纳保证金

缴纳保证金的流程共三步：第一步，点击"缴纳保证金"，跳转至"资产—保证金"页面；第二步，点击"充值"，根据"应缴金额"输入充值金额；第三步，支付，可以使用个人支付宝支付，也可以使用企业支付宝支付。如果没有企业支付宝，但希望对公支付，可以登录个人支付宝，选择"添加快捷/网银付款"，输入公司银行卡号，选择"企业网上银行"，再点击"登录到网上银行付款"，在银行网站完成操作。

缴纳保证金后就完成入驻了。

二、商品上架

商品上架的步骤如图4-13所示。

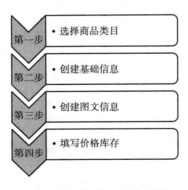

图 4-13　商品上架的步骤

1. 选择商品类目

访问抖店官网，网址为 https://fxg.jinritemai.com/，选择"商品—商品创建"，选择商品所属类目。

2. 创建基础信息

选择完商品类目后，开始创建商品基础信息。如果发现"当前类目"需要修改，可点击"修改类目"按钮进行修改。

（1）填写商品类型。商品类型主要有三种：

①普通商品：系统默认的商品类型为普通商品，常规商品都在此商品类型下进行创建。

②闪购商品：仅限"珠宝首饰-翡翠玉石-玉石孤品"类目的商品；"珠宝首饰-翡翠玉石"类目的商品为定向招商，不支持申请开通。

③虚拟商品：仅限"教育培训""本地生活服务"类目的商品，且店家已经开通支付宝；"本地生活服务"类目的商品为定向招商，不支持申请开通。

（2）填写商品标题。商品标题包含商品品牌、商品品名、基本属性（材质/功能/特征）和规格参数（型号/颜色/尺寸/规格/用途/货号）等内容。建议在商品标题的前 10 个字中体现商品核心主体（即商品是什么）。避免在商品标题中添加标点符号，例如"，""？""。""～""！""＝"等。宣称特殊材质或特殊功效需按平台要求提供相关资质。

（3）填写类目属性。仅支持部分类目属性"多选"。请以后台页面"类目属性"的下拉选项框显示为准。

3. 创建图文信息

（1）添加商品主图。商品主图至少 1 张图片，仅支持 png、jpg 和 jpeg 格式。图片需按 1∶1 上传，像素至少 600×600，大小不超过 5M。

（2）填写商品详情。商品详情需保持完整性、一致性和真实性。

4. 填写价格库存

（1）填写发货模式和时间。发货模式有现货发货、全款预售发货和阶梯发货三种。发货时间有当日发货、24 小时内发货、48 小时内发货、2～15 天发货和 30 天内发货等。

（2）填写商品规格。以创建服饰类商品规格为例，规格名为颜色分类，规格值为红色、蓝色及黄色等，如图 4－14 所示。

图 4－14　服饰类商品规格创建

如果除颜色分类外，还希望添加商品其他规格，可点击"添加规格"按钮，继续完成后续添加操作。例如，添加商品尺码，规格值为 XS、S、M、L、XL 等。

（3）价格与库存。完成上述商品规格填写后，再完成"价格与库存"设置就结束开播准备。"价格与库存"设置如图 4-15 所示。

★价格与库存	批量设置 ∨	仅在直播间售卖的商品建议在直播时再填写准确的库存			🔲 全屏
颜色	尺码	★价格	★现货可售库存	商家编码	预览图
红色	S				
	M				
	L				
黄色	S				
	M				
	L				
	S				

图 4-15　价格与库存设置

第三节　店播间搭建

一、店播间工作场景

店铺不论大小都可以开展店播，不一定非要另外找专业的店播间。这样一方面可以节约成本，另一方面利用实体店背景，深度还原实体购物场景，营造线上代购氛围，让观众更直观地了解店铺的环境和商品。当然，有条件的店铺也可从场地面积、定位和成本、空间布局等几个方面来搭建专业的店播间。

1. 场地面积

店播间不仅要留有主播和桌椅的空间，还要留出架设机器和灯光、摆放展示商品等的空间。因此，店家应根据店铺经营类目的实际情况，确定直播间的场地面积。例如，护肤彩妆类直播间，主播坐着展示商品，场地面积一般 8 平方米左右；而服饰穿搭类直播间，主播来回换装展示，需要相对大点的场地，场地面积多在 15 平方米以上。

2. 定位和成本

如果店家定位是想给观众"高大上"的店铺形象，那么在打造直播间时，就需要尽量配置专业的直播设备，以达到较好的直播效果。因此，打造专业的直播间需要较高的成本投入。如果店家想要控制成本，只需要配置基础性、高性价比的直播设备即可。

3. 空间布局

店播空间布局往往依据直播方式的不同而不同。直播主要有站播、坐播和走播三种方式，其直播间的空间布局如图4-16所示。

图4-16 站播、坐播和走播直播间的空间布局

（1）站播。站播方式一般适合服装、家纺、鞋帽、家具、箱包等商品的直播。站播时，在主播展示区域后方可空出一定的空间，这样不会使直播间在空间上显得拥挤，可增加直播间的画面质感，并提升观众观看直播的舒适感。

标准站播方式直播间的空间布局如图4-17所示。直播间面积占比最大的是主播展示区。主播展示区的前方需有环形灯和摄像头。摄像头可以采用手机摄像头、相机、摄像机等拍摄设备。摄像头附近可以放置环形灯、球形灯等补光设备。摄像头和补光设备区的前方可以摆设电脑桌，作为助理、场控等人员在直播时的办公场所。直播间的左侧或右侧可以作为待播商品的陈列区。商品陈列区要离主播展示区较近，方便主播拿取商品。主播展示区域的后方可以放置货架、背景T台、展示板、假人模特等充当店播背景，增加直播间画面整体的纵深感。

（2）坐播。坐播形式一般适合美食、美妆护肤、珠宝和玩具等商品的直播。坐播一般拍摄主播上半身，近景展示商品，因此直播间不需要很大空间。标准坐播方式直播间的空间布局与站播直播间基本相同。

（3）走播。走播形式一般适合田间地头、鱼塘等户外场所的直播。由于主播不断走动着介绍商品，没有固定的主播展示区，因此直播间的空间很大。走播直播方式的空间布局依据现场情况而定，但需额外配置减少镜头摇晃的手持稳定器和提供更好光线条件、提升画面质感的可移动充电式的补光灯。

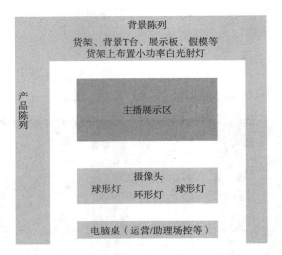

图 4-17　站播直播间的空间布局

二、店播间构成要素

1. 画面

店播的画质要尽量做到高清和好看。如果直播间画质很模糊，观众的观感体验不好，将很难留住进入直播间的观众，更难以引导观众完成下单购买行为。另外，为了带给观众较好的视觉体验，可以远景近景切换、多角度拍摄。近景一般用于展示商品细节，远景一般用于展示商品整体效果。

（1）背景。直播间背景建议以浅色为主，以简洁、大方、明亮为基础进行打造。背景不要太过花哨，也不要使用容易引起曝光的纯白色背景墙。店家应根据自己商品的风格，布置合适的直播间背景。例如，古风古韵背景适合销售旗袍或古装服饰，民族风背景适合销售民族风服饰。

（2）装饰。除了背景看上去要简约大方外，店家可以添加一些装饰，提升直播间画面的层次感、亲切感和档次感等。例如，符合本店商品特色的墙画、绒布、地毯、置物架、窗帘等。

2. 声音

声音清晰与否是影响店播质量的关键因素之一。店家如果想要较好的声音效果，可以配备一个能够高质量收音的麦克风，使主播声音更加清晰明亮。

3. 灯光

店家可以按需配置主光灯、次光灯等补光设备，达到直播间灯光明亮通透、光线均匀柔和的目的，带给观众舒适的视觉观感。例如，服装鞋靴和护肤彩妆适合冷光系灯光，其目的是为了保证服装和护肤品的最佳展示状态；蛋糕店等食品类适合暖色系灯光，其目的是为了衬托美食的色泽，让观众感觉更有食欲。

4. 网络

为了保证店播过程中的网络速度和稳定性，应尽量选择固定的 Wi-Fi 网络。店播前，应测试直播画面的流畅度、是否卡顿等情况，避免在真正店播时出现直播中断、画面卡顿等情况。

5. 其他

（1）音箱。直播时，可以使用音箱播放背景音乐，增添直播间的氛围。

（2）小黑板。主播在小黑板上写清商品特点、优惠方式、当日福利等信息，以此来减少主播不断重复回答新进直播间观众提问的次数，也使新进入直播间的观众对于当场直播的购物建议、主推商品、爆款折扣等重要信息一目了然。例如，服装类型的店播，主播可以在黑板上写下模特的身高体重；彩妆类型的店播，主播可以在黑板上写下口红的热门色号、适合人群。

（3）计时器。主播一般会用计时器提醒观众秒杀、优惠等所剩时间，营造一种紧迫感，有利于完成促单。例如，店播营销策略是在商品上架的五分钟内，观众可以享受秒杀价格，超过时间后恢复原价，这时就可以用计时器进行五分钟倒计时。

三、店播间参考场景

1. 工厂店播

工厂店播是以工厂的仓库、车间、流水线等为背景进行实地直播，其镜头展示给观众的是商品制造的源头场景，让观众看到"货源"，提升观众的信任感。例如，销售加工食品类的店铺可以由主播带领观众线上参观供应商的加工车间、包装车间、质检车间和仓库等，用镜头展示优质的原材料、干净卫生的生产、包装、质检车间环境，让观众信任商品的质量和安全性。

2. 档口店播

档口店播是主播在批发市场的档口进行直播，分为以下两种形式：

（1）场所固定。主播在档口的某一家店铺里专门腾出一块固定区域，用于开展线上直播。这种形式一般仅用于针对某家店铺的专场店播。

（2）场所不固定。主播在档口边走边播，让线上观众参观批发市场档口，用镜头展示物美价廉的源头好货，让观众信任商品的货源。

3. 原产地店播

原产地店播常采用户外走播的形式。主播在海鲜市场、果园、菜园、田间等实景走播，让观众更直观地看到原生态商品，买得放心。

4. 商场代购店播

商场代购店播是对主播在商场专柜试色、试穿等进行直播。主播利用商场专柜场景，向观众展示多种穿搭及购买推荐，增加了观众们的信任感，让观众更加放心商品的货源。

第四节　店播平台选择

一、主流店播平台

1. 淘宝直播

淘宝早在 2016 年就已经开始布局直播，现在它是头部直播平台之一。建议已经入驻淘宝的店铺直接在淘宝直播上开展店播，其入驻流程如图 4-18 所示。

图 4-18　淘宝直播入驻流程

2. 抖音直播和快手直播

抖音直播和快手直播的形式都是短视频＋直播平台。不过，抖音直播偏公域流量，商户大多数是个体工商户，主要销售土特产、手工艺品等；快手直播偏私域流量，主要观众是三、四线城市的中产阶级。抖音直播和快手直播入驻申请首页如图 4-19 和图 4-20 所示。

图 4-19　抖音直播入驻申请首页

图 4-20 快手直播入驻申请首页

3. 京东直播

京东因配送高效、体验感好已聚集了一批高质量顾客，其中男性占比较高。这些顾客对价格敏感度不高，只要商品优质，正常定价也能卖得不错。因此，经营数码、家电、计算机及通信等商品的店家可以考虑京东直播，特别是旗舰店。京东直播入驻申请首页如图 4-21 所示。

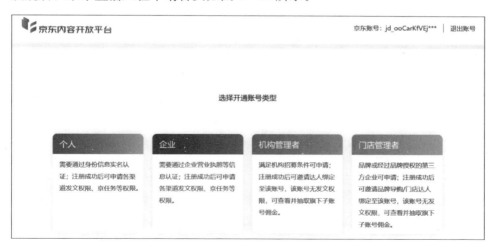

图 4-21 京东直播入驻申请首页

4. 微信直播

微信直播有视频号直播、小程序直播以及群直播三种形式。由于群直播面向的顾客只能是群成员，不太适合受众面更大的店播，因此建议选用视频号直播和小程序直播开展店播。

二、私域店播平台

小程序直播是唯一的私域直播平台。支持大大小小的商户自己作为主体，自己对直播可控。商户能针对自己的会员体系，集中释放私域流量的转化能力。小程序直播能够跟公众号完美融合、形成生态圈。它的商品和技术的迭代更新都非常迅速。

三、店播平台比较

1. 淘宝直播

淘宝直播的优势有三点。第一，它本身就是一个电商平台，电商属性非常强且用户基数大；第二，进来观看直播的用户购买意向强烈；第三，主播只管推荐商品，无需担心脱粉的问题，因为观众主要看商品。

其劣势有两点。第一，对主播的专业技能和心理素质要求高，因为做直播卖货需要一段时间才会积累到粉丝，而这段时间的时长是不确定的；第二，专业性要求相对较强，需要直播团队来做运营，因为不单要在直播中卖货，还要做好内容的运营，如涨粉维护、活动策划等。

2. 抖音直播和快手直播

它们都是短视频＋直播平台，其优势有三点。第一，主播人设丰满。一般先通过短视频种草吸粉后，再做直播带货。第二，观众基数较大，粉丝购买力强。第三，主播收入方式多样，主要有广告、直播带货和打赏三种。

其劣势有两点。第一，竞争较激烈。由于门槛不高，所以竞争激烈。主播需要从内容、技巧等方面入手吸引粉丝。第二，变现链路长。由于主播在做直播带货前需要先吸引更多粉丝，因此主播就要先做能够吸引粉丝的优质内容输出。

3. 微信直播

微信直播的优势有三点。第一，变现速度较快。微信直播主要面向私域流量池的观众，因此可以帮助店家实现快速变现。第二，粉丝精准度高。由于粉丝都是店家经过筛选之后才进入私域流量池中的，因此粉丝对商品的购买欲望会比较强烈。第三，观众基数较大。目前微信拥有近 12 亿的用户，想要拓展私域流量池的店家可以做优质内容来吸引粉丝。

其劣势主要是进入门槛高，体现在两方面：第一，需要有营业执照才能申请入驻，且直播类型要符合微信规定的直播类目；第二，需要已搭建私域流量池，没有搭建的店家难以生存。

第 五 章

运　营

第一节　店播流程

开展店播主要有五步：店播策划、脚本拟定、店播预告、店播准备、店播上线。

一、店播策划

1. 定时间

尽管店播受到店家和顾客的欢迎，但其实许多店播效果不佳，流量很少。影响流量的原因有很多，时间就是其中一个重要的影响因素。选择正确的直播时间将有助于店播效率的提高。

（1）上午场/下午场。大多数观众在上午和下午这两个时间段去上班或者上学，只有少数观众可能观看直播，因此流量相对较少。但是，此时观看直播的少数观众停留时间相对较长、较稳定，因此主播可通过营造气氛、增强互动等方式将其培养成粉丝。如果粉丝基数薄弱并且无法带动气氛，则不建议在这两个时间段内进行店播。

（2）夜场。现在大部分店播选择夜场。因为对于大多数观众来说，夜场处于休息时间，停留时间也会比较长，因此流量比较大。黄金时间段八九点的夜场人气最旺，流量最大。

需要注意的是，店播时间一旦定下来，就不要随意更改。毕竟，观众习惯店播时间更容易促成交易，突然改变时间很容易失去观众。

2. 定主播

在观看一场直播的时候，最先让观众看到的是主播。主播形象就像短视频直播封面一样，直接影响观众是否愿意进入你的直播间。因此，选择合适的主播很重要。主播不管是店铺老板，还是接受过培训的专职主播，都要注意形象。

3. 定商品

一定要在店播前把商品确定好。可以继续卖前几场卖得比较好的商品，同时了解商品的竞品，做好分析，以备不时之需。竞品是商品在同领域的竞争对手，通常来说两者之间是相爱相杀的关系。店铺可以选择竞品做得好的直播，学习其直播方式和内容，结合自身优势进行优化、创新。

二、脚本拟定

店播脚本拟定是开展直播前必不可少的工作。只有提前规划整场直播、拟定脚本内容，才能保证直播的顺利进行，同时有利于主播把握直播节奏、避免无话可说、保证良好互动等。

店播脚本包括直播主题、直播目标、时间节奏、人员分工、货品板块、主播话术、互动策划、演绎道具等内容，就像一张计划表，提前规划好直播的每一步，有利于做好直播。

三、店播预告

在店播前，引流至关重要。因为它可以为直播间带来更多的观众，只有先有观众才会有顾客，才有可能提高粉丝转化率。因此，直播间预告引流非常必要。

直播预告可以通过文案和短视频的方式，借助朋友圈、视频号、企业微信、公众号等渠道来开展。不管是文案预告，还是短视频预告，其内容一般都包括直播时间、直播主题、直播商品、优惠活动等。

四、店播准备

店播开播前要做好设备调试、场景布置、摆放商品等准备工作。商品最好标好原价和活动价格等，方便顾客对比；并且要把商品放在主播拿起来方便的位置，便于主播在直播过程中能够快速切换商品。

五、店播上线

店播过程中，要针对顾客采取"提出问题—分析问题—解决问题"的逻辑。主播要尽量按照提前策划好的脚本开展直播。在直播过程中，出现任何问题，主播都要淡定应对，将观众留在直播间。因此，主播平心静气、合理解释、幽默引导才是解决各种问题的好方法。另外，主播在直播过程中，要注重与观众互动，引导观众关注，从而提高直播间人气；同时要牢记直播的规范和话术，熟知违禁话术和行为。

第二节　营销策划

一、营销策略

1. 商品策略

商品策略是店家在制订营销策略时首先要考虑的问题。商品策略就是店家要明确提供什么样的商品和服务去满足顾客的要求。它是营销组合策略的基础，从一定意义上讲，店铺成功与否的关键就在于商品和服务是否满足顾客的需求及满足程度。

2. 价格策略

价格策略是根据顾客各自不同的支付能力和效用情况，结合商品进行定价，从而实现最大利润的定价办法。价格是决定店铺市场份额和盈利率最重要的因素之一。在营销组合策略中，价格是唯一能产生收入的因素，其他因素均表现为成本。店铺在制订价格时，通常采用成本定价、折扣定价、尾数定价、价格歧视定价、分级定价等策略。

3. 渠道策略

渠道策略包括渠道的拓展方向、分销网络建设和管理、区域市场管理、渠道自控力和辐射力的要求等内容。店铺渠道的选择直接影响到其他营销决策，如商品的选择、定价和促销。它同商品策略、价格策略、促销策略一样，是店铺是否能够成功开拓市场、实现销售及经营目标的重要手段。

4. 促销策略

促销策略是指店铺通过人员和非人员的方式与顾客沟通商品信息，引发、刺激顾客的消费兴趣和欲望，使其产生购买行为的活动。促销有以下几层含义：①促销的核心和手段是沟通信息；②促销的目的是引发、刺激顾客产生购买行为；③促销的方式有人员促销和非人员促销两大类。

二、策略优化

店家要卖好自己的商品，一定要分析商品的顾客画像属性，包括性别、年龄、地域分布等，确定顾客画像之后，再针对性地开展店播。店家可以从以下几个方面去优化店播营销。

1. 直接秀出商品

如果店家的商品本来就有创意或功能新颖实用，那就没必要绕弯子，可以直接展示商品。例如，某智能 App 就是直接展示 App 的重要功能，将语音转化为图片；某款网红火锅神器，可以一键升降，自动将煮好的食物区隔开等。

因为商品本身具有话题性，所以马上引来了大批观众的围观。这种营销方法非常适合电商商品，尤其是一些用法神奇的商品。例如，给厌食的宝宝做好玩饭团的工具；手机壳和自拍杆融为一体的聚会神器；会跳舞的太阳花等。

2. 放大商品优势

如果商品功能没有太多亮点，可以用夸张放大的方式呈现其独有的特征，便于观众记忆。例如，"空间大"是某品牌车的卖点之一，为了突出这个卖点，销售人员直接"藏"了 12 个人在车里，让不少观众印象深刻；"一键开启中控隐秘的存储空间"是某车型的亮点之一，该亮点经"藏私房钱最佳位置"这样的宣传放大后，成为一段时期的热门话题，仅话题中一个相关抖音视频点赞量就近 10 万。

3. 激发顾客参与

商品宣传上要抓住顾客的猎奇心、爱挑战、爱 DIY 等特点，在与顾客互动的过程中，激发顾客积极参与，从而让店铺商品得到快速传播。例如，某火锅店超好吃的底料搭配法引起了顾客的猎奇心和参与感，人都有跟风和模仿心理，因为这款商品是网红，大家都说好吃，于是就都想尝试一下，并且这种吃法有趣，参与门槛又低，因此大家非常乐意参与。类似这种做法的还有北京烤鸭的变态吃法、某快餐店冰激凌第二个半价及西安特色摔碗酒等。

4. 店播场景植入

这与传统广告植入类似，就是在店播场景中恰当地进行店铺商品展示，让观众记住店家的商品。例如，背景有品牌 logo，背景音乐是广告音乐等，这样润物细无声地进行宣传。

5. 巧用口碑营销

为了更好地呈现口碑，店家可以在店播中播放顾客排队、顾客笑脸和被顾客打爆预订电话等类似的视频。例如，火遍抖音的某奶茶就是巧用口碑营销的典型成功案例。店家在视频中经常展示店门口的火爆场面，门口排起的长队似乎在提醒观众："我们是一家网红奶茶店，大家都说好喝，你不来尝尝吗？"

6. 充分利用自媒体

店家可以将商品特色进行包装，利用自媒体发布出来，目前在抖音等平台的推荐机制下很容易火爆。例如，最初某网红在抖音发了 7 个作品就收获了600 多万的粉丝；某品牌每天十几秒的动画小故事收获了 1000 万粉丝和 2652万个赞。

7. 曝光店铺日常

客户通常不只关心商品质量、服务水平，还会关注店铺文化，尤其是对于一些耳熟能详的店铺，其领导和员工的日常格外令人好奇。店家可以在直播中运用自媒体，将办公室文化、员工趣事等呈现出来。例如，某互联网公司在抖音账号仅晒出了部分食堂饭菜，就获得了近 3 万点赞，不少观众留言："好良心的公司啊！""好想去上班！"……

另外，店家在运营自己的平台账号时，可以借助大数据工具的分析结论来判断，选择什么样的内容能得到比较好的效果，能比较容易受顾客欢迎，从而得到更好的策划内容，优化运营。

三、广告投放

不同的平台有不同的广告投放方式。这里以抖音平台的广告投放为例。

1. 抖音平台的广告投放步骤

在抖音平台上投放广告，需要通过开户、充值、资质审核及投放广告这四个步骤。

（1）开户。抖音官方帮助广告主开户需要收取 1000 元手续费，后期不会给予任何的投放建议。但有的代理商不仅提供开户，还提供代运营服务。

（2）充值。官方要求预充值 10 000 元以上，而代理商的收费标准存在差异，不同代理商收费不同。

（3）资质审核。资质审核就是审核营业执照、法人身份证、行业资质等资料。

（4）广告投放。抖音广告有独立的广告后台。广告主可以自主投放，也可以聘请专业的第三方代理商投放。因为代理商可能比广告主更清楚目标客户的需求，因此在设计广告时，从客户的真实需求出发，从而带来更好的广告效果。

2. 抖音平台的广告投放渠道

抖音平台的广告投放渠道有三种，即通过官方渠道合作、与广告代理商合作和与达人合作。前两种方法只适用于抖音平台为广告主提供的开屏广告、信息流广告这两个广告展示位置。达人广告属于非官方渠道的广告合作。

（1）通过官方渠道合作。广告主可以直接去官方门户网站，联系抖音官方投放广告，只不过这种广告投放的费用较高，效果无法保证。

（2）与广告代理商合作。这种广告投放的关键在于找一个靠谱的广告代理商，在一定程度上可以节省广告费用，能够保证广告主投放广告的效果。

（3）与达人合作。广告主与达人合作主要是借助达人的影响力实现品牌营销，传播商品信息，而且与达人合作的广告视频可以正常进入推荐流，在抖音平台实现原生传播。广告主选择与达人合作为商品营销，就需要主动找达人。通常广告主可以通过以下渠道找达人：

①通过抖音官方的星图平台寻找合适的达人。这种方法虽然费用较高，但优势在于通过平台投放的广告不会被下架，而其他方法不能保证广告不会被下

架，因此有很多品牌使用这种方法。

②通过抖音搜索功能寻找合适的达人。广告主通过对商品的用户人群进行精准分析定位，对相关领域内的达人、视频及商品等进行搜索，找到与商品匹配的达人。

③利用红人平台发布通告，寻找合适的达人。红人平台有鳄鱼通告、螃蟹通告、如涵爱种草和红通告等。广告主可以根据需求，通过在通告内发布要求招募达人。这种渠道有点类似于公司招聘员工，需要通过层层筛选，才能找到满足要求的达人。

④通过合作的达人推荐寻找达人。这种渠道比较适合有过与达人合作经验的广告主，与达人有过合作后有了一定的信任基础，达人推荐过来的达人可能不是最优秀的，但肯定不会低于预期要求太多。

第三节　分析总结

一、数据分析

1. 关键指标

数据分析的关键指标主要有以下几个：

（1）直播销售额。直播销售额是最能体现直播带货能力的数据指标，一段时间内的数据能够直观地反映出主播的带货能力和店铺的销售能力。

（2）直播转化率。如果直播间观看的观众感兴趣，那就一定会有查看商品详情、点击购物车、下单购买等行为，这些行为通过"正在购买人数"体现出来，从而得到直播转化率。

（3）观众留存率。影响直播间排序的最主要因素就是观众留存率。什么叫观众留存率呢？例如，有10个观众通过直播间列表进入到你的直播间，进入以后有2个人留下，那么你的直播间留存率就是20%。留存率越高，直播间排名也就越高。观众通常通过直播间排名来判断直播间是否值得进入。

（4）用户画像数据。店播是基于观众的需求进行的，根据用户的年龄、性别、兴趣、收入及活跃度等数据给观众画像，可以更好地帮助店家找到切入点。

（5）直播弹幕数据。直播弹幕数据包括弹幕内容、弹幕类型、弹幕字号、文字颜色、发送时间戳、弹幕池ID、发送者ID等内容。这些内容能反映观众的消费意愿。

2. 数据分析网站

不同的平台有不同的数据分析网站，以下推荐几个热门的数据分析网站。

（1）蝉妈妈。蝉妈妈是抖音、小红书一站式数据分析服务平台，帮助国内许多达人、机构、品牌方和店家进行大数据精准营销，如图5-1所示。它依托专业的数据挖掘与分析能力，大数据分析海量热点视频趋势，从而精准触达热门视频内容、优质达人账号及爆款货品，探索内容优产、流量变现的无限可能。

图5-1　蝉妈妈网站首页

（2）短鱼儿。短鱼儿可以通过热门商品、抖音好物等榜单，发现当下爆款商品，查看其销量、访客趋势；可以为店家盘点好自身带货数据，更能帮助了解同行的带货视频、商品，模仿学习再超越；还可以把关心的品牌、商品都加入监测，从而更方便掌控他们的数据变化。如图5-2所示。

图5-2　短鱼儿网站首页

（3）壁虎看看。壁虎看看根据顾客需求划分成找主播、搜商品、查直播和看榜单四大板块，如图5-3所示。它依据直播的数据，依托专业的数据挖掘与分析能力构建多维度数据算法模型，为快手、抖音、淘宝等短视频提供全方位的数据查询、趋势分析、数据研究等服务。它致力于为各方团队提供精准的店播数据，同时也拥有红人好货、挂榜助手、智能客服助手等多个高效好用的工具。

图 5-3　壁虎看看网站首页

（4）飞瓜数据。飞瓜数据可以帮助店家快速寻找快手带货达人、24 小时进行分钟级数据抓取、多账号的日常便捷管理、相同行业竞品对比分析及最新的店铺带货数据等，如图 5-4 所示。

图 5-4　飞瓜数据网站首页

二、复盘总结

在每场店播结束后，还有一件非常重要的事情就是复盘整场直播。高质量的复盘不仅能发现本场直播的优点和缺点，还能够找到本场直播保持、改进及优化的地方。例如，本场直播哪些商品卖得好，可以在下场直播中继续售卖并增加库存量；哪些商品的销售词或话术需要更换或者优化。复盘主要包括对人、货、场三个方面的复盘。

1. 关于人的复盘

人的复盘就是参加店播的主播、助手、策划等工作人员进行复盘。例如，主播复盘的内容包括直播中的话术、商品讲解、控场情况等，下一场店播中哪些可以改善、提高，人设是否被大家接受，讲解商品的速度、语言是否合理；助手是在直播过程中辅助主播直播的，需要复盘是否在主播需要帮助的时候及时反应并提供解决办法。

2. 关于货的复盘

货的复盘内容包括直播间的选品逻辑是否合理，商品是否得到大众的喜欢，商品是否能产生利润，引流款、利润款、主推款的分配是否合理，付款流程的安排是否合理，商品核心卖点的提炼是否到位及直播间货品展示是否清晰美观等。还包括探讨销售好的商品下次是否返场，销售差的商品如何改进销售策略。

3. 关于场的复盘

场的复盘相较于人和货的复盘是比较简单的，内容包括场地布置、背景布置、灯光摆放、商品陈列等，具体包括在这场直播过程中的设备是否损坏，东西摆放是否合理等。

第四节　客户服务

一、客服基本要求

1. 顾客至上理念

作为客服要秉承"顾客至上"的经营理念，坚持"顾客第一"的服务原则，为广大顾客提供优质的服务。

2. 解决问题能力

作为客服要具有分析和解决客户问题的能力，要站在顾客的角度，帮助顾客解决实际问题。

3. 沟通协调能力

作为客服要积极与顾客沟通，明确顾客想要解决问题的核心点，是抱怨、退换，还是赔偿。只有充分了解顾客需求，才能快速有效地解决顾客的问题。

4. 熟练业务能力

作为客服要具有快速反应顾客问题的能力。客服在面对顾客的问题时，如果可以快速有效地解决问题，既节约成本，又让顾客得到优质体验。

5. 控制情绪能力

作为客服要在面对顾客的问题时保持好的心态，控制自己的情绪。只有客服耐心，才会让顾客平静下来解决问题。

二、客服服务原则

1. 软语原则

在与顾客沟通交流时，要多用弱语气词，例如嗯、哦等；要多用重叠词，例如噢噢、嗯嗯等；要多用敬语，例如亲、您等；要多用礼貌用语，例如谢谢、请、不客气等。

2. 认同式接待

认同式接待就是不要直接否定顾客的观点，而是一定程度上认同顾客的观点。例如，在直播中，顾客留言说"你们商品的质量不行"，客服不能直接回复"怎么可能？"，而是回复"嗯嗯，亲，感谢您的反馈，但我们的商品经过××工艺，在品质上是有保证的，您可以放心购买、使用"。

3. 保持耐心

客服是一个非常考验心理素质的工作，在与顾客交流沟通的过程中，要有足够的耐心，不能带入任何负面情绪。客服可以采用换位认同、谦逊真诚等方式跟顾客进行交流沟通。

4. 说到做到

客服对顾客的承诺，一定要做到。例如，客服答应顾客寄发的快递公司、赠品、发货时间等，一定要说到做到。即使遇到了一些困难，也要想方设法履行对顾客的承诺。

5. 快速回应

客服一定要以最快的速度回应顾客。只有这样，才能给顾客带来好的购物体验。客服如果在忙，可以设置自动回复，把顾客常问的问题用简单易懂的表达自动回复给顾客。

三、客服知识准备

1. 掌握商品详情

客服不仅需要掌握商品的属性、功能、卖点、适合人群、运输、保修、安装等详情，还需要掌握商品的优惠活动、优惠券使用等详情。这将有助于提升客服的专业能力，从而提高顾客的信任度，提升直播转化率。

2. 明确服务目的

客服服务的目的主要有三个方面：一是提高转化率，即让进直播间的顾客都尽可能地下单购买；二是提高客单价，即让顾客平均交易金额尽可能高；三是提高回头率，即让买过的人再来买。

四、客服效率提升

1. 设置自动回复

在客服系统设置里，设置自动回复。在设置自动回复时，不要只设置一些打招呼的，可以设置顾客问得最频繁的问题，问题答案附在链接后面。例如，正在做一个优惠活动，可以设置这个活动满多少包邮、什么时候发货等自动回复的内容。

2. 设置快捷短语

设置快捷短语也是提高客服效率的一种方式。设置方式是点中其中一个聊天框，点击机器人就可以设置。其设置方式和客服机器在同一个地方，在这里可以添加一些常用短语。

3. 设置客服机器人

通过设置客服机器人，利用机器人帮忙回答常见问题，也是一种提升客服效率的方式。例如，顾客说"你好，在吗"这种没有内容的问候语时，就可以通过机器人设置"在呢，亲，有什么可以帮助您的吗"来回答。

第五节　流量管理

流量分为私域流量和公域流量。私域流量是不需要付费、可以反复利用并且是很稳定的用户。公域流量是各大平台的公共流量，需要店家付费或者通过内容吸引获得。对于店播来说，公域流量和私域流量都具有不可替代的优势，两者相辅相成，缺一不可。因此，私域流量和公域流量都需要管理。

一、引流基本概述

引流是指通过各种渠道吸引客户。在互联网时代，引流这个词被大家反复提及，特别是在网络行业，引流被视为非常重要的事情，因为有流量才有客户。从理论上来说，在互联网上一切获得流量的方式都可以称为引流。就算没有互联网，线下宣传也一直利用不同的方式做引流工作，例如传统广告、传单、喇叭宣传等，其本质都是一样的。

1. 引流方法

（1）微信引流。这是目前应用最多的引流方法。通过微信建群、创建公众号和开发小程序等方式为微信用户提供优质的服务，最后将这些用户引导为客户，完成引流。

（2）QQ 群引流。这是早期应用最多的引流方式。随着微信的官方应用，微信社交用户要远远大于 QQ 社交用户，所以目前 QQ 并不怎么实用，但是也可以做，方法就是通过 QQ 群引流。

（3）自媒体引流。这是目前比较常用的引流方式，但是门槛比较高，需要一定的专业操作。

（4）短视频引流。这是近期抖音、快手等兴起的引流方式。运用短视频进行拓客引流的重点是拍摄一段有吸引力的短视频。一般实用类引流短视频是快速说明主题、封面配文案并搭配有吸引力的音乐，选择视频中最精彩的画面作为封面，从而吸引观众观看。

（5）活动引流。这是比较常见的引流方式。既可以通过参加互联网购物活动进行引流，例如"双十一""双十二"等，又可以通过店铺自己开展活动进行引流，例如店庆、周年庆等。

2. 引流话术

（1）话术柔和赞美。引流话术要尽量使用柔和、赞美的话术，避免硬广。就像观众在看综艺节目时，嘉宾突然说一句广告语，观众会反感这种硬插入的广告，但是如果是在情境下演绎广告，观众会觉得这广告插入得很有趣味，这样就在不知不觉中完成了广告插入。柔和、赞美的话术，无论是对于男性还是女性都非常通用，没有人会拒绝赞美的话，但总有人会拒绝强硬的广告。

（2）话术设置不同。虽然每个平台都有一定的流量，但是平台属性有所不同，例如微博的使用者遍布各个年龄段，小红书更偏向于年轻女性群体等。因此针对不同的平台，店家设置的话术应有所区别，要与平台相呼应。

3. 在高峰时段引流

每个平台的高峰时段略有不同，这里以抖音的高峰时段为例。

（1）早高峰。第一个时间段是早上 7：00—9：00，称为早高峰。这个时段，人们刚刚睡醒，躺在床上刷刷抖音，或者在坐公交、地铁的上班路上刷刷抖音。

（2）午高峰。第二个时间段是中午 12：00—13：00，称为午高峰。这个时间段是午休时间，刷抖音的人也较多。

（3）晚高峰。第三个时间段是傍晚 18：00—19：00，称为晚高峰。这个时间段，人们基本都在下班回家的路上，刷抖音的人也很多。

（4）夜高峰。第四个时间段是晚上 21：00—22：00，称为夜高峰。这个时间段可以说是一天中抖音流量最高的时间段，是高峰中的高峰。

（5）双休日。第五个时间段是周六周日。双休日这两天的休息时段通常是抖音流量的高峰时段，可以在这两天发布新的短视频。

（6）节假日。第六个时间段是节假日休息时段。像春节黄金周、三八妇女节、五一劳动节、六一儿童节、十一国庆节等节假日也是不容错过的流量高峰时段。

另外，还需要注意，抖音对发布内容有审核机制，通常需要半个小时甚至一个小时的审核时长，审核通过后才能发布，发布后流量才能滚动起来。因此，发布时段选定后，要把审核时长预留出来。

4. 引流视频投放技巧

（1）固定时间。选择一个固定时间投放，一方面可以培养粉丝的忠诚度，只要内容不错，粉丝每天都会在这个时间等你；另一方面可以让自己的团队成员心里有谱，提前做好准备。

（2）追逐热点。通常有热点就会有大量的搜索和关注。要培养在热点产生的第一时间，快速打造内容、趁热发布、吸引粉丝，从而获得曝光的能力。

（3）选择错峰。现在抖音很多大号会把发布时间集中在下午四点至八点之间。因为从下午四点开始到凌晨，一直都是用户活跃度最高，对放松娱乐需求最集中的一个区间。在这个区间发布的优质内容，能够即时得到精准标签用户的反馈，上热门的机会就更大。但恰恰也是因为这个原因，容易造成大量新内容扎堆。

抖音活跃用户是存在上限的，例如推荐量 1000w，同一时间有 10 个好作品被系统推荐，与同一时间有 100 个被推荐，明显前者获得的曝光会更多。因此，很多人会选择错峰时间发布，提前或延后半小时或者一小时，在作品量不多的时候，让自己的作品更有机会获得好数据，或者说进入更多的推荐池中。

（4）巧用工具。DOU＋是为抖音创作者提供的视频加热工具，能够高效提升视频播放量与互动量、内容曝光效果，助力抖音用户的多样化需求。

当店家发布视频后，发现视频有爆的苗头，即上推荐的迹象，那么店家可以投 DOU＋，让视频上热门的概率增大。因为抖音视频的推荐机制，可以让投 DOU＋的视频被推荐到更大的流量池。但要注意的是，如果视频已经上了热门，店家就不要再去投放 DOU＋了，因为只要投 DOU＋，视频就会进入人工审核阶段，那么店家的热门内容可能会因为进入审核阶段被暂停传播。因此，店家投 DOU＋一定要在流量停下来的时候或者流量没有那么大的时候再去投放。如果客户性别、年龄、地域等在定位时就很清楚，例如目标客户是年纪比较小的学生或者是宝妈等人群，店家在投放时可选择自定义投放。

二、私域流量转化

私域流量并不是单独存在的，而是从公域流量中引过来的。因此，店家需要开展私域流量的转化。

1. 寻找引流平台

私域流量转化最基础的工作是寻找合适的引流平台。引流平台不仅有淘宝、京东、唯品会等购物平台，也有各大论坛、网站、自媒体账号、直播账号、微博及微信公众号等社交平台。对于不同的领域、不同的行业，适合引流的平台是不一样的。例如，教育行业的引流适合去一些与教育相关的论坛、圈子、问答等社交平台；销售行业的引流则更适合京东、淘宝、唯品会等购物平台。

2. 打造优质商品

想要做好私域流量转化，除了懂得引流，懂得寻找适合的引流平台外，还有一个关键就是要深知，客户之所以会被店家吸引，主要还是冲着商品去的。因此，私域流量转化的第二个步骤，也是最为重要的步骤，就是要打造优质商品。要利用商品的优势，让客户心甘情愿地留下来，成为真正的私域流量。

3. 维系客户关系

店家要充分利用平台配备的专门营销工具维系与客户之间的关系。例如，店家可以打造积分商城留住客户。客户消费的时候可以获取积分。对于客户而言，用积分兑换的物品，不仅仅是一个物品，还有来自店家的一份关怀。店家还可以根据直播间里客户的密切度等级设置不同的折扣，这种方式有利于增加客户黏性，维护老客户。

三、公域流量运营

店播的店家不仅要注重私域流量的转化，还要注重公域流量的运营。虽然私域流量转化很重要，但是没有公域源源不断地输送流量，私域的价值也会打折。因此，在做好私域流量转化的同时，不能忽视对公域流量的运营。要做到利用"公域流量私域化、私域流量变现化"，真正让店家实现销售额的增长。这里以抖音为例，讲解一下如何获得平台的公域流量，顺利让顾客留在直播间，实现流量公域变私域的过程。

1. 获取流量

对于在抖音开展店播的店家来说，最难的不是卖货，而是如何在日均3.4亿人的公域流量池里"抢人"。抖音平台有推荐页、关注页、直播页及同城页这四个流量入口。要想让直播间有流量，就要用好推荐页这个最大的流量池，做好预热、引流视频、吸引公域用户进直播间。

获取流量一般按以下三步来进行。第一，店家需要在社交属性较强的微信、微博等平台上提前几天做预告；第二，要上传吸引人、有特色的预热短视频聚集流量；第三，使用抖音信息流广告和直播推广。信息流广告适合价格较高、转化难度大的商品，而店家适合直播推广，投放标是100元＝5000播放量，200 元＝10 000 播放量……依次类推投放金额和播放量的比例，投放时长可选择 6 小时、12 小时、24 小时。店家可以根据自己的曝光需求和预算情况进行投放。

2. 留住流量

前面花费时间、金钱吸引来的公域流量，店家需要使用有效方法留住，实现销售转化。留住流量的常用方法有以下几种。第一种，精准抓住观众的关注点和痛点，积极回答观众的问题，活跃直播间的氛围；第二种，差异化地介绍商品，即用和同类商品对比的方式突出本店商品的质量、体验感、价格等优势，这样才会让观众动心，产生购买欲；第三种，明确店播间卖的不仅仅是商品，更是商品的价值，商品使用技巧介绍也是留住观众的方法；第四种，派发一些小福利，例如抽奖、免单、买就送等，可以让观众更愿意花时间留在直播间。

3. 公域流量变私域流量

运营公域流量的最终目的是把它变成私域流量，实现流量变现。店家想让这些顾客购买商品、信任商品，最终变成商品的粉丝，就需要提高直播的质量、保证商品的质量、做好顾客的服务等一系列工作。当直播间产生了私域流量，那么依靠公域池引流的价值就会降低，而私域池里粉丝的价值才能上升。

第六章

苏货直播

第一节　苏货直播的背景

2020 年，新冠肺炎疫情让社会生产生活陷入困境，农产品销售通路受到严重阻碍，江苏省互联网协会积极响应省农业农村厅号召，开始为农产品销售对接互联网平台企业资源，助力农产品生产销售复苏。协会组织的助农帮扶活动虽然取得了一定的成效，但也发现了一些问题。农产品供应链水平参差不齐，对农产品电商发展带来一定的阻力。而头部电商平台流量成本日趋增高，部分农特产品无法通过电商平台取得销售增量。基于对一系列问题的分析，江苏省互联网协会着手推进建立江苏的助农公益平台。

为践行社会组织责任，协同抗击疫情，开展行业服务，助力乡村振兴，在省委两新工委、省委网信办、省农业农村厅、省商务厅、省通信管理局以及省扶贫办六家行业主管部门的关心和指导下，江苏省互联网协会起草围绕技术、品牌、人才、资本四项赋能的"苏货直播 5G 品牌赋能行动"应运而生，并联合省内主流媒体荔枝网开展了"苏货直播 e 起小康"系列全省网络直播公益活动。

2021 年，为坚决贯彻落实省委党史办"我为群众办实事"专项工作要求，在省委网信办、省农业农村厅、省通信管理局的指导下，江苏省互联网协会继续开展"e 起致富 苏货直播"全省助农网络公益项目，从"授人以鱼"向"授人以渔"的行动方式转变，形成了"e 起致富"苏货直播新农人培育行动方案。2021 年 7 月，"e 起致富"苏货直播新农人培育行动在连云港东海正式启动。苏货直播新农人互联网营销公益培训正式拉开序幕。

第二节　苏货直播的做法

一、秉持公益初心，数字化平台赋能乡村振兴

为打造服务于本省的助农公益平台，江苏省互联网协会启动建设"苏货直

播平台"（图 6-1）。苏货直播平台的设计初心为公益性、开放性数据中台。第一，苏货直播平台不卖货也不带货，它为地方农业农品提供展示通道、公益私域流量以及农技资讯内容。第二，它是一个具备"1 网 2 端 4 赋能"的矩阵式平台，已经建设上线了 1 网，即苏货直播官网，主要作为农业农技资讯展示通道；2 端，即"苏货"微信公众号以及"苏货新农人"App，"苏货"微信公众号在手机端同步资讯呈现，同时链接各平台虚拟直播间开展联合直播，作为苏货私域流量入口，而"苏货新农人"App，作为数字化公益学习工具，是苏货直播新农人互联网营销公益培训的线上学习阵地。第三，苏货直播平台是面向农业农村的赋能平台，其中品牌赋能通过全省联动公益宣传，打造江苏本地"一村一品""一县一业"；人才赋能主要通过开展"新农人培育行动"培育新农人的互联网营销等技能；技术赋能主要通过信息网络赋能改善农村用网质量并建设 5G＋直播场景，开展农品溯源赋能；资本赋能通过引入助农贷款、助农金融服务，与银行业共建新农人合伙人计划。

苏货直播助农生态平台 1网2端4赋能 （公益性 开放性 数据中台）		
平台	苏货直播官方网站	"苏货"微信公众号	"苏货新农人"App
内容	直播 展示 主播 资讯 服务 公益 扶贫 地市专区……	直播 展示主播 服务	资讯 学习 考试 实训 直播
功能	虚拟直播间 智能搜索 智能推送 私域流量整合	苏货公益直播展示 虚拟直播间内容呈现 产品、主播、培训内容整合	新农人互联网营销公开课 新农人直播实训微课 结业考试+模拟实训
赋能	品牌赋能：一村一品，一县一业 人才赋能：新农人培育行动 技术赋能：信息网络赋能、5G+直播场景赋能、农品溯源赋能 资本赋能：助农贷款、助农金融服务、新农人合伙人计划		
技术	苏货链：区块链溯源技术服务		
	虚拟直播间：人工智能搜索、分析、推送		

图 6-1 苏货直播生态平台架构

二、从"e 起小康"到"e 起致富"，平台助农扶贫扶智

自 2020 年起，为助力全面小康，完成脱贫攻坚，江苏省互联网协会在江苏省委两新工委、省委网信办、省农业农村厅、省商务厅、省通信管理局以及省扶贫办联合指导下开展了"苏货直播 e 起小康"全省网络助农公益直播活动，通过"苏货直播—省级主流媒体—本地媒体—头部流量平台"多方参与，开展全省联动的助农公益直播系列活动。

2021 年，在江苏省委网信办、省农业农村厅、省通信管理局的组织下，

协会聚焦乡村人才培养，形成年度"苏货直播新农人培育项目"，依托农业龙头企业，地方直播基地，以线下线上结合的形式，开发系列课程，组织公益学习，提升农人在直播电商、短视频营销和电商运营方面的能力，在互联网新业态下实现就业、增收、致富的目标和愿景。同时，为推动江苏农产品品牌升级，策划组织实施"十湖十城 十足蟹礼"系列公益助农直播（图6-2），开展了省内十湖联动的大闸蟹公益直播行动。

图6-2　助农公益直播现场

与此同时，进一步完善"苏货直播平台"赋能体系，协会聚焦"数字营销""村播矩阵""新媒体""金融服务""网络服务"方向。其中数字营销赋能以农业独角兽企业汇通达为依托，开展乡村农人数字营销与供应链资源整合；村播矩阵赋能以直播基地矩阵为依托，开展乡村农人互联网营销实训，助力乡村直播账号孵化和直播资源联动；新媒体赋能是以荔枝网为代表的主流媒体赋能地方农产品品牌打造，联动地方商业门户开展品牌宣传；金融服务赋能以工商银行江苏省分行为代表，推动地方乡村金融服务；网络流量赋能以基础电信运营商为依托，推动地方直播公益流量支持及地方直播网络环境优化。

三、"平台＋技能＋品牌"开展乡村消费赋能

在流量为王的时代，江苏缺少本地的优质服务平台和优质农产品品牌。江苏省互联网协会打造"苏货直播平台"，一是希望建设苏货直播赋能体系，通过赋能体系为开展数字农业发展技术赋能，提升乡村网络服务，探索5G直播应用场景，提升苏货农产品品牌，打造千村千品，开展专业人才培训，增强互联网营销技能，开展助农资本对接；二是希望建设苏货新农人队伍，通过使用信息化工具增加新农人互联网营销技能培训覆盖面，线上线下相结合，基础和

实训相结合，为全省乡村打造具备互联网营销技能的新农人群体；三是希望打造苏货直播品牌提升工程，以江苏本地地理标识产品为基础打造"一村一品"，以区块链溯源技术为支撑的地方优品库建设，以本地乡村文化、乡村故事为品牌的苏货优品打造。

第三节　苏货直播的成效

一、平台成果

依托苏货直播公益平台，已建设 1000 个虚拟直播间，已签约入驻的虚拟直播间超过 600 间，包含了媒体、农业生产经营单位等。苏货公众号在江苏省广电总台荔枝网、新华报业传媒集团中江网等省内主流媒体的协同下，作为助农直播公益活动的主要宣发平台。

苏货新农人 App（图 6-3）作为公益的新农人数字化学习工具，开发了直播、短视频类互联网营销线上 12 节公开课、18 节直播实操微课，同时设置了互联网营销基础题库，直播虚拟实训模块，现场完成全部内容的学习还可以获得线上结业证书。通过线上化学习工具，真正践行"让手机成为新农具，数据成为新农资，直播成为新农活"的理念。

图 6-3　苏货新农人 App 页面

二、助农公益成果

2020 年围绕"苏货直播 e 起小康"主题，2021 年围绕"e 起致富 苏货直播"主题，江苏省互联网协会共组织落地全省联动助农公益直播活动 69 场，全网累计线上观看超过 3000 万人次，带动地方农业农产品销售额超过 3500 万元。参与公益行动的流量平台包括省内主流媒体荔枝网、中江网等，头部流量平台抖音、快手、淘宝、京东等，省内 30 余家本地直播基地及各自的公益助农主播参与了公益行动。

三、人才培育成果

2021 年，自"苏货新农人培育行动"开展以来，已覆盖全省 13 个区市，完成公益培训项目对接，共完成 16 场线下培训，覆盖省内线下学员 2281 名（图 6 - 4）。通过微信群组建线上学习群，通过"苏货新农人"App，"苏货新农人"抖音号覆盖线上学员 17 479 名。线上苏货新农人课程学习观看超过 10 万人次。

图 6 - 4　线下新农人公益培训现场

四、大赛成果

江苏省互联网协会在省委网信办、省人社厅、省农业农村厅、省通信管理局、省总工会的指导下，于2021年举办"e起致富"苏货直播2021（首届）江苏互联网营销师职业技能竞赛暨苏货新农人互联网营销大赛（图6-5）。

图6-5　2021（首届）江苏互联网营销师职业技能
竞赛暨苏货新农人互联网营销大赛海报

竞赛组委会协调各方力量参与，组建技术专家团队，制定竞赛赛制和规则，组织命题组专家完成竞赛所需的1000道理论知识题库（图6-6）。竞赛于2021年12月启动，初赛以全线上方式进行，2022年1月15日—16日在南京、苏州、扬州和宿迁以分赛区的形式同步举行决赛。

竞赛被省人社厅纳入第四届江苏省百万技能人才技能竞赛岗位练兵活动二类赛，参赛选手共873名，其中新农人选手239名。决赛参赛选手共467名，其中新农人选手202名。决赛理论及实操取得双合格的选手337名，决赛实操直播销售产品2687单，决赛直播销售金额114 228元。赛事过程中，涌现出一批江苏新农人主播，如宿迁泗洪虾蟹主播"马大姐"、淮安盱眙"葡萄妹"、扬州烹饪主播"赵大姐"等。

图 6-6 "2021（首届）江苏互联网营销师职业技能竞赛暨
苏货新农人互联网营销大赛"理论考试现场

五、"店播"赋能成果

2022 年初，江苏省互联网协会启动"赋能实体'店播'助力"苏货店播赋能行动。3 月 25 日—29 日，协会联手南京紫东直播基地举办了"抗'疫'中实体门店直播电商公益培训"课程共 10 节，得到了省内主流媒体、区域门户网站中国江苏网、荔枝网、龙虎网、姑苏网等十多家媒体，苏宁易购门店、汇通达乡村门店、金丝利零售门店以及乡村实体经营主体的积极参与，观看人次近百万。

4 月 24 日—29 日，再次开展为期 6 天的线上公益培训课程，主要以线上私域直播加陪跑的形式进行，参训实体商家达到了 41 家。

4 月 18 日—28 日，协会联手苏州博邦职校举办了"博邦职校赋能实体门店直播电商公益培训"线上课程 11 节，参与线上直播培训的企业店铺 200 余家，累计观看人数近 2 万。

4 月 19 日，协会联手江苏纳斯文化传媒有限公司以"赋能实体'店播'助力"品牌活动为主题开展首场线下实体门店直播电商培训，门店类型涵盖餐饮、零售、文化等行业。

截至 2022 年 9 月底，协会已联手紫东直播基地、江苏纳斯文化传媒有限公司、苏州博邦职校、南京行知职业培训学校等单位，开展线上公益培训课程 27 节，播放量破百万，已赋能实体门店 1142 家，陪跑 90 家。

协会为实体店提供"产品＋人才＋工具"的闭环支撑，也将围绕以下三点继续深耕"店播"公益品牌项目：一是提升赋能能力，授人以渔，加强对实体门店的业务培训，提高实体门店的线上销售能力；二是资源协同，打造品牌，"店播"是主品牌，各合作单位可打造各自的子品牌，提高影响力；三是赋能千店，打造千店特色，在标杆、标准、案例、输出能力等方面形成一店一爆品。

第四节　苏货直播的未来

接下来，苏货直播项目将继续围绕"苏货直播新农人公益培训""苏货直播网络助农公益直播系列活动""苏货新农人公开课体系开发""新农人互联网营销大赛""店播赋能"等方面开展工作。

伴随着乡村振兴目标的进一步明确，江苏省互联网协会将进一步搭建好社会组织公益平台，在平台建设方面，入库全省 100 家直播基地，入库 100 家助农服务企业，搭建 10 000 个虚拟直播间，通过人工智能技术实现全网智能搜索＋智能推送，进一步整合公域流量，聚合私域流量。在人才培养方面，以三年为期，为江苏乡村培育 10 万懂直播、会直播的新农人。

江苏省互联网协会将继续秉持"展示江苏风采、培育江苏网红、助力江苏发展"的愿景，以"培育新农人、打造新农商、传送新农技、展现新农景"为使命，在江苏数字农业的发展道路上，与地方政府、江苏省内的农业合作伙伴一起开放能力、整合资源、深化合作，共同为江苏省乡村振兴的发展贡献力量。

第七章

案 例

第一节 转型创业

一、营销从"人设"开始

我叫孙荣，是江苏省互联网协会 2021 年苏货直播线下培训的学员，参加苏货直播培训时，正处于对未来向左还是向右，拿不定主意的窗口期，个人的情绪也总在忧虑和纠结的漩涡中徘徊……

我是南京市溧水区和凤镇人，大学毕业后就留在南京工作，先后在外卖平台、通信公司等行业从事销售工作。随着年龄的增长，伴随着职业天花板的时隐时现，加之独自在外漂泊感到孤独和辛苦，对现状渐有倦怠感。曾经的诗与远方，在骨感的现实里，已经荡然无存，蝇营狗苟的三斗米，也是日趋艰难，是这样继续沿着渺茫的希望在外打拼，还是换个活法，紧紧跟随国家发展的大趋势，回到家乡，到广阔的农村去大有作为成了反复萦绕在心头的疑问。

一次偶然的机会，回老家休假时，受朋友的邀请，我无意中参加了溧水区农业农村局和江苏省互联网协会联合举办的苏货直播培训，纠结已久的问题居然迎刃而解。

我的家乡溧水是江南水乡，祖宅就靠近石臼湖，步行的五分钟（图7-1）。所谓靠山吃山靠水吃水，我老家所在的孙家村和附近的几十个村子一样，大都依靠石臼湖的湖水生活。很多农民都从事养殖业，他们通过灌溉渠引入石臼湖的湖水，以养螃蟹为主，养鱼虾为辅，虽然没出什么大富大贵的人家，但家家户户养家糊口确是绰绰有余的。数万亩的水面，没有"大户人家"出现，主要是因为缺乏统一的管理，也没有打造出响当当的产品品牌，农户养殖出来的螃蟹，大部分批发给一些外地的经销商，作为一些知名品牌蟹的补充货源，长期处于张冠李戴的尴尬地位。品质一流，价格却卖不上去，外地的经销商赚了大钱，本地的养殖户却只能赚些辛苦的糊口钱。

参加苏货直播之前，我心里就很清楚，石臼湖的螃蟹卖不出去，是因为缺

图 7-1 金陵石臼湖

乏响当当的螃蟹品牌，但起个名称容易，销售和推广却很难。品牌是什么？品牌是口碑的积累，只有体验过，才能形成口碑，没有经销商的帮助，再好的石臼湖螃蟹也难抵达客户的餐桌。这其实就是个悖论，没经销商螃蟹就卖不出去，而现成的经销商既不愿意，又不太敢冒风险去创建属于自己的品牌，由于湖水养殖的螃蟹品质非常好，即便张冠李戴，也没有什么大的问题，口感上、品质上都经得起考验，所以，创建品牌的动力明显不足。可见，问题的核心还是在销售上面。而苏货直播培训让我真真切切地看到了希望，苏货直播平台不仅教了销售的技能和方法，更重要的是，苏货直播这个平台也可以在私域流量和低知名度产品等方面，给我们这样没有背景、没有资源的农民强力的背书和引流，只要坚持，只要脚踏实地，以时间换空间，就可以一步一步打造属于自己的、以地域为标志的区域性螃蟹品牌。

基于这个认识，我于 2021 年果断离职，回乡创业，搞养殖卖螃蟹。我很清楚，创立一个品牌，品质是第一位的。品质说到底是由客户的体验决定的，但体验前的认同感也十分重要。我们先注册了一个鱼蟹的品牌"金陵石臼湖"，又找了附近十几个熟悉的养殖户，把我想和养殖户们共同打造当地螃蟹品牌，提高螃蟹附加值的想法跟大家聊通了。得到大家的支持后，在之后大半年的时间里，我主要做一件事，就是拍摄有关石臼湖的美景、美食、螃蟹辨别知识、螃蟹传说、回乡创业的感受、经历以及每半个月免费为参与品牌联动蟹塘单独做水质检测的视频，再反馈给养殖户，在保证和提高螃蟹品质的同时，将拍摄内容上传到我和伙伴们的抖音号、微信朋友圈、视频号、小红书、快手等各种流量平台上。其实，通过苏货直播的课程培训，我明白要想把石臼湖螃蟹这个品牌的旗杆立起来，必须先树立一个"有情怀、有知识、懂养殖、控品质"的"人设"，通过这个高大上的"人设"，潜移默化地引导潜在客户知道、了解、认可这个"人设"，从而由"人设"推及人设生产的"产品"，从对"人设"的认可、信任，到对"人设"主人公所从事的行业和产品有认识、了解、认同、接触、尝试的兴趣和冲动，通过试一试来验证自己看到、听到的"事实"是否名副其实。

经过我和朋友们半年的宣传，渐渐有人开始咨询我螃蟹方面的问题，譬如，螃蟹的好坏怎么鉴别，几月份可以上市销售，价格是多少等等。

由于天气原因，2021年石臼湖的螃蟹成熟得比较晚，因此，为了确保客户有一个好的体验，我克制住内心的冲动和焦虑，也不听身边人的絮叨，坚持不卖没有熟透的螃蟹。直到10月8日，螃蟹完全成熟了，才开始当年的销售。说实话，由于没有经验，我的心里还是打鼓的，生怕错过了当年的销售时机，也怕客户不理解。但做品牌、保质量的决心，还是让我坚持下来了。现在回头看看，保持初心，以客户体验为第一要务的做法还是对的。国庆节后，石臼湖螃蟹大量上市，无论品质还是价格，都达到了最佳状态，客户不仅吃得好，而且觉得价格合适，我和客户都很满意。

因为是第一年做螃蟹业务，为了确保品质，也为了充分了解组织货源（凌晨参与蟹农的抓蟹、鉴别是否成熟、规格分类、绑扎和称重等工作）、货品保鲜、物流配送等环节的节点和注意事项，当年我没有进行大的宣传和推广，只在原来宣传"人设"的宣传途径上进行了6次小视频宣传和两次现场直播（图7-2），小视频的内容主要是湖景、塘景、现货螃蟹的图片以及螃蟹销售的价格，其中有两次是爆品，即99元8只蟹。现场直播主要是以大面积湖面为背景，以走动的方式，介绍怎么抓蟹、怎么鉴别螃蟹的好坏、成熟度，并适时介绍物流和套餐，在粉丝情绪高涨时，适时推出优惠活动，鼓励粉丝下单购买。虽然第一年做螃蟹业务，各方面准备都不太成熟，中间也出现不少问题，但总体的销售成绩有点出乎我们的意料，两个半月的时间，累计销售了近1000份螃蟹（一盒8只装和10只装两种），累计销售收入42万多，扣除包装、物流等费用，当年的纯收入超过我往年干销售时近一年的收入。最让人高兴的是，零散销售的客户中，有近1/3的客户进行了复购。为了了解客户对我们螃蟹的认可度，我本人亲自给每一个收到螃蟹的客户进行了电话回访，从回访统计的结果来看，满意度达到91.7%。很多客户表示，来年还买我们的螃蟹，这样的情况反馈，让我对自己的选择彻底放下了心，也对未来的事业充满了信心，更难得的是，养殖户们也非常认可。虽然第一年我们拿不出更多的钱来，每份螃蟹只给了养殖户比当日批发价多出3～10元的钱，但养殖户们都看到了希望，也明白了品牌的价值和力量，他们知道，在符合品质要求、服从品牌管理的大框架下，共建共享品牌，未来品牌的溢价将会给养殖户们带来更高的收入，更光明的前景。

图 7-2　直播宣传螃蟹

虽然 2021 年的销售量不大，参与的养殖户也只有十几户，但我坚信，星星之火可以燎原，乡村的范围不大，消息传得很快，看到、听到今年的情况，已经有不少养殖户开始跟我咨询，相信一年年坚持下来，养殖户的队伍，螃蟹养殖的水面面积和螃蟹的质量，螃蟹的口感和卖相，都会大幅度地提高，蟹农们的收入也会大幅度提升。

我坚信，通过进一步强化"人设"，让更多有相同背景的潜在客户有认同感，让出身乡村的潜在客户有亲切感，让城市的潜在客户有新鲜感，辅以专业的养蟹、识蟹专业知识小视频，在苏货直播的加持下，金陵石臼湖的品牌必将走进客户的心里。

（案例提供者：孙荣）

二、直播将我从低谷中捞起

1. 天有不测风云

2020 年农历新年之前，我是一个出境旅行社老板，不到 30 岁就成了携程定制旅游的核心供应商，有着二三十个员工，过着小富即安的滋润生活。看着电脑上旺季的收客情况表和利润表满心欢喜，订了去日本的机票，准备在温泉和滑雪中度过美好的春节假期。

刚到日本的那一天，关于新冠肺炎疫情的新闻铺天盖地，武汉封城了，国家禁止出境旅游团队了，航班取消了，我们几十个过年和寒假期间的旅游团要退团了，甚至通知无限期停止出境旅游团队。过年度假的心情荡然无存，取而代之的是无限的惆怅，要筹钱给游客退团费，给员工发工资，给自己还贷款。结束行程回到国内，日日以泪洗面，却也在思考未来的人生。

2. 希望的曙光在前方

2020 年大概是人生最黑暗的一年，我尝试做了几种工作，比如国内旅游、教育培训等，但都因为政策或者经济形势而未有成果。我意识到要想摆脱眼前的困境，必须选择一个风口行业，这时候我开始关注直播和短视频。刚开始，我尝试了娱乐主播，不过撒娇非我所长，才艺我也没有，注定娱乐主播这碗饭我是吃不上了。这时我把目光瞄准了带货主播，因为我自认形象不错，口才也好，做一个带货主播是可以胜任的。这时候，有一个靠谱的学习平台就显得不可或缺。

3. 柳暗花明又一村

后来我进入了一个带货直播公司，成了一名卖女装的带货主播，为了把话术练习好，我寻找我们这个赛道的优质直播间，把他们优秀的主播话术录屏，再反复播放的同时一个字一个字地抄在本子上，其实我知道只要用语音识别软件就可以很快速地将 1 个小时的话术变成 word 文档，清楚地打印出来，但我仍然选择手抄，因为我明白抄写的过程就是思考的过程，边抄边读出来就是熟悉的过程，是把别人的话术融入自己头脑的过程，所以明明用软件 3 分钟可以做完的事，我却整整做了三天，抄了半本笔记本。我相信付出的每一分努力都会成为我日后的收获。当我把话术会背熟了，我开始对着镜头练习，给自己拍视频，从五句话卡一次壳，到十句话卡一次壳，再到可以连说二三十分钟不卡壳，那时候的我信心满满，觉得自己可以做一个一流的主播了。可正式上播的时候，我发现高估了自己，那时候师父告诉我，我的断句不对，我的重音不对，我讲话会拖音，我卖货太有感情，像在哄小孩读书。

这时我才明白，想做一个优秀的主播，可不是流利地讲话术就够了。我又开始了每天精益求精地练习。想做一个话术水平高的主播，真的没有捷径，就是靠不断地练习。不过相比身边的其他主播，我倒是跳过了上播紧张的阶段，好像我第一次直播就不太紧张呢，这算是优点吧。那时候为了起号，避开大主播的时间段，我每天都是凌晨直播，熬通宵，从 12 点播到早上 6 点，几个主播轮流播。上午睡觉，下午练习，晚上直播就是我们的生活。光有好的话术水平还不够，团队经过了很多的摸索，关于投流、福利品、时间段、运营策略等都进行了各种尝试，从最开始一场直播只有几百人观看，十个人在线，卖几百块钱，到后来一场直播可以有几万人观看，千人同时在线，卖几万甚至十几万的产品，其中的艰辛着实不少。还记得有一次直播间来了急速流量，团队的小伙伴们兴奋不已，然而主播的经验不足，没有接住，于是在线人数又掉了下来，在线人数像坐过山车，团队小伙伴的心情也像坐过山车。我们又开始更多的练习，话术这个东西，说得好还不够，还要节奏好，知道什么时候该说什么话，该说多久。终于，我们的团队、我们的品可以接得住流量了，多次冲上抖音带货榜，而我直播时段最高冲到了抖音带货榜第五名（图7-3），那应该是对我主播水平很大的认可了。当然，光主播好是不够的，整个团队都要非常优秀，才会取得这样的成绩。

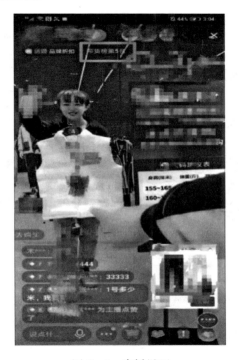

图7-3 直播界面

4. 广阔的舞台和心中的使命感

后来，我得知江苏省互联网协会举办了首届互联网营销师大赛，可以考取人社部门认可的互联网营销师证书，我意识到直播行业会越来越规范，主播们不仅要会卖货，而且要懂这个行业的法律法规，遵守职业道德，将来主播也都需要持证上岗。

我果断报名，认真准备，并且立志在这次比赛中取得好成绩。大赛需要现场直播40分钟，没有运营团队协作，货品价格固定，也不能用福利品拉流这样的策略，我只能从场景打造上做功夫。那天我带了一个很大的背景板，贴在了背后的墙上，我想让进我直播间的人都能看到我在参加互联网营销大赛，从而增加停留点，我还设置福袋口令叫"支持主播拿冠军"，看到满屏的"支持主播拿冠军"飘出，也能让刷到我直播间的人多多停留，多场的直播经验已经让我的话术水平和镜头表现能力驾轻就熟，"苏货新农人"的商品也是物美价廉，40 分钟的直播，我成功卖出 15 000 元的货品，最终取得了首届江苏省互联网营销师技能竞赛二等奖（图 7-4），苏货新农人互联网营销大赛一等奖的好成绩（图 7-5），并且成功地拿到了"互联网营销师二级技师"证书，这是我直播生涯的里程碑，获得了官方认可的我，从此坚定了直播带货是我未来职场的发展方向。

图 7-4　荣获首届江苏省互联网营销师技能竞赛二等奖

图 7-5　荣获苏货新农人互联网营销大赛一等奖

此时，培训学校向我抛来橄榄枝，因为"互联网营销师"成了新职业，是南京的紧缺型工种，而大量的主播还没有持证，大量的大学生和灵活就业人群想加入这个行业，大量的实体企业寻求转型，想往互联网营销直播带货发展，所以这个职业需要好的培训导师。

而我也想到了我的朋友圈还有 800 多个曾经的旅游同行，他们因为疫情失业，现在可能在搞代购，可能在送外卖，可能在跑网约车，800 个人背后就是 800 个家庭，旅游人先天就有直播带货的优势，他们口才好、不怯场、服务好，如果可以帮助他们当中愿意的人来学互联网营销，给自己新的机会改善现在的生活，那我就觉得自己的工作就非常有价值。

所以，我选择成为一名互联网营销导师，我的学员中有失业的导游，我在教他们拍短视频介绍南京的历史文化的同时，挂个小黄车去卖南京的特产，为自己增加收入；我的学员中有房产中介，我教他们开直播为自己吸引精准的客户群体；我的学员中有全职带孩子的宝妈，她们会做手工，我就教她发一些教别人做手工的短视频，顺便挂小黄车卖做手工需要的工具配件；我的学员中也有实体老板，我就教他们如何打造 CEO 人设，卖自己公司生产的商品，如何用福利品拉流量，如何用爆品承接流量，又如何用利润款创造利润。

现在的我觉得前途一片光明，教别人赚钱也很有成就，推广互联网营销师职业发展也很有意义。最后我想给旅游同行提一点建议：目前还是旅游行业的黑暗时期，但是互联网营销可以给旅游人带来生机，无论是拍短视频讲文化历史，还是直播卖酒店套餐和旅游线路都有很大的变现机会，只有肯学肯做，前路一定光明。

最后，我倡议带货主播们：让我们的直播多一些真诚，少一点套路；遵纪守法，真正助力商家带货，实惠百姓生活，把这个行业越做越规范。

（案例提供者：余晔）

三、直播开创导游新天地

我是吴林，南京正大国际旅游有限公司的一名导游，从事旅游工作十二年了。这两年旅游业受到重大冲击，为了寻求新的突破，我走进了短视频及直播行业。

1. 做导游，我做到了江苏省金牌导游

读万卷书，行万里路！大学期间，我来过江南。秀美的山川，丰富的人文，让我流连忘返。世界那么大，我想去看看，然而钱包那么小，哪也去不了。有没有一个办法，能免费走遍世界呢？有，那就是做个导游。于是，我考取了导游资格证。

毕业后我就来到了江南，想在旅游行业实现我的个人梦——不花钱走遍世

界。随后的十余年里，我从事了一名"华东线"的地接导游，一直在南京正大国旅从事一线导游工作，接待各地来江南观光的游客。从一名新人逐渐成为一名专业的旅游人，得到了游客和单位的认可。经单位推荐，多次参加秦淮区和南京市级的导游比赛，并取得了不错的成绩，在 2017 年还获得了江苏省旅游局表彰的"江苏省金牌导游"的称号。

作为一个漂泊的游子，奋斗十年，我也终于实现了在大城市定居的梦想。正憧憬着新的未来之时，2020 年初，突如其来的疫情打乱了我的生活，让旅游业陷入了史无前例的停滞之中。

2. 疫情来，金牌导游的我也要转型

2020 年 6 月，旅游业迎来了短暂的复苏，但随后，断断续续的疫情在全国各地此起彼伏。想要彻底结束疫情，恢复旅游业昔日的繁荣，短时间内是不太可能了。没有团带了，但是生活还得继续，每个月一万多元的房贷还得还，我该怎么办？

在漫长的等待与煎熬中，我发现有些优秀的同行已经从线下转到了线上，在线下的"危"中嗅到了线上的"机"，在抖音、快手、小红书、视频号等一众平台上都能见到导游同行们的身影，他们把自己平常在线下讲给游客的知识讲给线上的观众听，收获了众多的粉丝，也获取新的收益。

他们行，我为何不行？说干就干，于是在 2021 年 11 月初，我终于走进了抖音，开始了短视频的拍摄。

那个时候不知道怎么写文案，不知道什么是脚本，不知道怎么选择拍摄角度，不知道怎么剪辑，一条视频发出去，播放量寥寥一两千。

这时公司的总经理崔月花女士看到了我的困境。她问我为什么要做抖音，我说现在是旅游停滞期，不能坐以待毙。迈出这一步，不管是成是败，我总算尝试了、挑战了。哪怕没有结果，见不到效益，但是我相信互联网是有记忆的，是不会忘记我们付出的点点滴滴的。她很支持我的想法，主动提出让公司的坐班人员帮我拍视频，还帮我争取到了相关景区的支持。那时在同事的帮助下，我接连拍摄了中华门、大报恩寺和科举博物馆的几个系列视频；我在剪辑和内容创作上也越来越有经验了。终于，一条大报恩寺的视频小火了一下，看着播放量从平常的几千上到了几万、几十万、上百万，我很兴奋，也更卖力地拍视频了，就这样坚持了两个月。后来我暂停了拍摄，因为短时间内，我在旅游短视频上看不到变现的希望。而我刚好发现了另外一条比短视频更直接的变现路子——直播。

3. 转型时，直播带货助力变现

于是，我暂停了短视频拍摄，开始直播这条路。由于多年的带团积累，我对一众民国历史人物的故事相对了解，所以我就在抖音平台上做起了直播，向观众讲述民国那些事儿。很快吸引了成千上万的听众，他们走进我的直播间，很多人一听就是两个多小时。他们用几十万的点赞和一句句鼓励的话语对我的讲述表达了认可和支持。

我直播间最高同时在线人数，一度达到了近 5 万人，单场直播观看人数突破了 30 万，停留时间也达到了两分钟。这个数据对于一个抖音新人来说已经很好了。根据下播后的数据反馈，我看到了粉丝画像，大部分受众为 55 岁以上的人群，而且女性比例占到了 70% 以上。说明我的粉丝大部分都是"阿姨"。

这么多人在直播间聆听我的讲述，何不顺便给他们分享一些好的商品呢？于是，我挑选了一些第三方商家的商品分享给我的粉丝。有吃的、喝的、用的，什么商品有需求我就卖什么。就这样，我开始了我的直播带货。

与此同时，也有一些听众被我的讲述所感染，也想像我一样做直播。有些人就私信联系我，想要学习取经。我便成立了工作室，把我的经验和方法整理成了模板，有偿分享给他们。我负责持续内容创新、产品筛选，他们直接复制。他们也因此有了收益。

4. 账号被封，查找原因再坚持

慢慢地，我发现越来越多的人开始"直播讲故事"了。而我们讲述的故事人物，往往都是历史名人，很多还是为我们国家和民族做出过重大贡献的，不能错误讲述。由于讲述者的素质参差不齐，很多人的讲述与史实不符，甚至为了博眼球故意歪曲历史。有些人为了走捷径，自己不播，采用录播方式"割草"。这导致了很多人的反感，也引起了平台的关注，抖音平台对我们整个类目进行了封杀。一夜之间，全部回到了原点。

一个平台不能直播了，还有视频号、小红书和快手呢。但由于快手和小红书平台的监管比较严格，一时间所有的历史故事主播都走进视频号了。

由于我们这类直播，有着天然的停留时长优势，很快在视频号上站稳了脚跟，再一次开始了野蛮生长。参与的人多了，走捷径的人也多了，很多人再次开启了歪曲历史和录播模式。应了那句俗话，不作不死。视频号平台也意识到了问题的严重性，对这类直播再一次进行了封杀。

短短一个多月，又一次回归原点了。

我意识到，短视频和直播是一个风口行业。风来得很快，吹得很猛，但是去的可能也会很猛。看似有很多捷径，但是捷径往往也意味着容易被模仿被复制，也意味着更多的风险。只有脚踏实地，为观众提供真正有营养、有价值、有自己独特属性的内容，才能够持久。这就需要做 IP，成为真正的博主，树立自己的"护城河"，让他人无法轻易复制和模仿才是正选。

于是，我带着我的队伍再一次回到了景区，来到了室外。用真正的知识，正能量的讲解，真人露脸直播，为观众提供有价值的直播内容。而这一点，也正是视频号和抖音等平台所鼓励的方向。

5. 名主播，金牌导游华丽转身

目前，我的一场室外直播，也能做到几万甚至十几万的场观了（图7-6，图7-7）。在直播的间隙，我也会拍一些短视频作为直播间内容的补充和延伸，以便让观众看到更丰富的内容，也能够看到有血有肉、更真实的我，进而得到更多观众的相信与认可。我相信这条路，一定会走得更久、更宽。

旅游是我的本行，讲解是我的专长，而南京以及周边丰富的人文资源，是我们旅游人成长的肥沃土壤。我相信拥抱短视频，坚持直播，能为我们自己、为观众带来真正的价值。

移动互联网是风口，也是趋势，我们不能回避，也不应该躲避。不管从事何种行业，都值得去了解它甚至拥抱它。积极钻研，认真学习，是我们以不变应万变的一种态度，而这种态度正是我们应对瞬息万变的环境的制胜法宝。

图7-6 直播高光片段

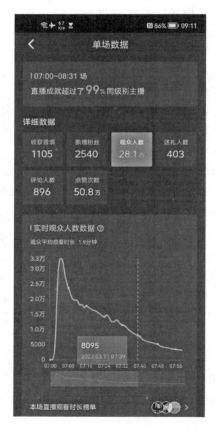

图7-7 直播数据

（案例提供者：吴林）

四、医美运营人的直播探索之路

我是张海荣，一个来自医美行业的运营人，2011 年初识医美到今天，在医美的浪潮中摸爬滚打 12 年，12 年医美运营让我在不断的挑战中快速成长，也爱上了这一美丽而有价值的职业。而一场突如其来的疫情打破了所有的游戏规则。医美行业作为医疗行业首当其冲，疫情时有反复，一有风吹草动，我们总是第一家关门、最后一家营业，线下的场景限制更是切断了与顾客的联系，导致顾客流失。复工后医美消费疲软，线上直播瓜分顾客消费力，医美顾客更是上门难，上门量减少，客户成交金额降低。特别是作为医美机构的运营，和美容院属于命运共同体，需要思考如何联合美容院在当下的竞争环境中，实现低成本引流新客。

直播是疫情常态下的唯一出路，于是我开启了直播的探索。

2021 年 7 月，南京的又一次疫情让我下定决心走直播运营之路。在开始之前，每天研究淘宝、抖音、小红书的直播，经过一段时间的研究学习，得出以下结论：

1. 直播前

（1）直播定位：渠道店家招商培训、直播看脸、科普、卖货等。

（2）选品选平台：医美企业需要选择合适的直播产品以在直播间销售，毕竟不是每一个医美产品都适合直播带货，特别是公域（如抖音、小红书等）平台禁止医美进驻。

（3）制订直播方案：直播团队需要制订相关的直播方案，包括设备、人员分工、直播产品文案、主播培训项目、直播话术、互动方案以及应急方案等。

（4）彩排：在准备好所有东西之后，直播团队就需要开始彩排，以完善直播方案。

2. 直播中

在直播中，最重要的就是主播与用户之间的互动，有来有往，你问我答，能够保证直播间的活跃度，抽奖、红包、福利券等福利活动也能助力直播活跃进行。

3. 直播后

直播团队需要在直播之后复盘，以发现直播的不足和优势，并以此调整下一期直播带货的方案。

根据以上思路，我在繁昌分院开启了第一场直播。直播的定位以精准获取当地流量顾客，选择有信任体系的医生＋专业能力以及表达能力极强的咨询进行组合，以"购美 925·1 元抢购秒杀夜"为主题，选择大众刚需项目进行低价格、高价值的直播间销售。因为直播参与团队太多，前期彩排时间成本过高，且前期直播在当地的宣传推广弱，导致直播间当天大都以老客为主，新客引流的目的没有实现。但是大家在直播过程中积累了经验，对第二场直播有极大的帮助。

有了第一次的经验和教训，第二次直播我选择了场景化直播，在直播间内现场打版体验（图7-8），让顾客有"一眼可知好"的感受，并且训练主播让顾客感知"一眼可知好"的能力，快速找准品项卖点，并且把品项卖点场景化，能够让直播间的顾客产生联想，刺激顾客的消费欲望和需求，不再是单一死板的专业输出。并且在第二场直播当中，我客串了现场项目效果体验分享官，从一个顾客的心理需求出发分享，快速拉动了项目在直播间内的销售。这场直播也使我这位传统的运营人在直播带货领域第一次有了赢的感觉，坚定了我的直播运营方向。

最近的一次直播中，结合专业的人干专业的事，我请来了专业的主播进行直播间的氛围带动，并且在直播间内配合输出品项卖点，取得了相当不错的成绩，当晚直播间场次40万，

图7-8　直播打版体验

直播间订单上千单。相比于传统运营方式，直播间内的批发式线上销售，不仅能让机构快速获取盈利，而且能让求美顾客真正了解每一个品项的特性，在了解过程中找到适合自己的项目，通过专业的讲解了解变美知识，在变美的路上少走或者不走弯路，而从运营的角度可以真正实现"你需要，而我恰好专业"的良性经营，当然，这也会是我今后在医美直播运营路上的践行标准。

（案例提供者：张海荣）

第二节　赋能实体

一、践行公益初心，赋能传统行业创新发展

南京行知职业培训学校（简称行知学校）践行公益初心，采用"小学校＋大产业""教育公益＋实践商业"双轮驱动，创新职业教育服务新模式，提升职业素养及职业技能，为产业创新发展赋能，为社会提供人才"芯片"，打造终身学习平台，大力推进互联网营销技能人才的培养和产业的深度结合，和高

校共建产业学院，和各行业协会及龙头企业构建互联网营销师实训基地，引导传统企业的数字化转型，助力产业经济高质量发展（图7-9）。

图7-9 互联网营销师实训基地

　　近年来，实体经济受疫情影响较大，数字化转型迫在眉睫。行知学校把南京阿奴生物科技有限公司（简称阿奴生物）作为在化妆品行业的新职业互联网营销师实训基地，培养兼具互联网营销技能及化妆品专业知识的交叉型人才。通过实践，不断完善互联网营销师"理论＋实践＋基地实训"的标准化培训课程体系。

　　行知学校积极支持阿奴生物数字化转型，布局新媒体矩阵，搭建线上传播渠道。2020年以来，阿奴生物紧抓直播风口，建设直播生态，打造直播IP矩阵，开启店铺自播新时代。ANU品牌先后入驻抖音、小红书、天猫等平台，品牌IP——ANU阿奴拥有全网粉丝1100w+，公司人设IP——Alinda艾琳达账号覆盖了微博小红书、抖音、B站、知乎等多个平台，全网粉丝2000w+。

　　打造超级品牌IP。阿奴生物的品牌IP形象为"以专业为优势的原创国产护肤品牌"，秉承"源于定制，天然养肤"的品牌理念，采购全世界最好最天然的原材料，研发成适合亚洲肤质的护肤品，每款产品配方均源于国际芳疗师Alinda的芳疗工作室多年来"一对一"的护肤定制服务。

　　打造超级人设IP。注册微博IP——Alinda艾琳达，作为国际认证芳疗师、阿奴芳疗培训讲师、集团首席芳疗顾问及时尚达人，该账号微博粉丝560w+，账号下的文章、视频和直播观看量很大，与访客互动数量达到3500w+，连续3个月位居美妆排行榜前三名，单篇最高阅读量4.2亿，单篇视频最高播放量突破4.92亿。账号下的微博小店主推10款热卖商品，人气很高（图7-10）。

图 7 - 10　微博小店

　　品牌联名，粉丝互动，热衷公益，承担社会责任。ANU携手中国非物质文化遗产金陵金箔联名合作，在产品外包装上引入金箔元素，"双十一"限量首发玫瑰金箔轻奢护肤套装；与宝龙艺术中心进行艺术联名，该联名源于宝龙艺术中心签约画家Aezi的作品《敬拜者——美》，关注女性心理健康，倡导广大女性学会调节情绪"放轻松"，并在外包装上引入Aezi作品元素；还和各界媒体始终保持着友好的合作关系，ANU创始人Alinda多次受邀参与综艺节目录制，ANU产品受到明星、网红、主持人的推荐。通过综艺活动及与明星达人合作，阿奴生物的品牌影响力不断扩大。

　　疫情下的传统化妆品公司，通过对数字化转型的探索和尝试，互联网营销的全网布局，打造双螺旋IP，搭建传播全渠道矩阵，获得了很好的市场业绩和品牌影响力，充分验证了传统实体数字化转型的重要性和成效性。

　　行知学校践行伟大教育家陶行知先生"教学做合一"的理念，坚持公益的创立初心，探索出"政府主导、群众主体、社团主联、企业主动、媒体主推、资本助力"六位一体的公益平台运作模式，学校贯彻执行"小学校＋大产业"的布局，采用"1＋N"互联网营销通用人才培养＋企业专业化个性化人才培养模式，培养顺应时代发展及企业、行业、产业发展的互联网营销人才；在数字经济时代，行知学校定位做精准专业的创新创业就业指导的公益性平台，是南京首家互联网营销师政府补贴职业培训机构。

　　行知学校将不忘初心，联络各方资源，继续从事公益事业，推动实体企业的数字化转型，助力数字经济发展。

（案例提供者：王维）

二、为实体店赋能，店播展现新力量

随着互联网的脚步一步步深入，实体店的空间被进一步挤压，寻找新的增长点，已经势在必行，疫情在加大了经营难度的同时，也促使了实体店的转型。但不同于互联网企业，实体店没有互联网基因，转型起来难度不小。正是在这种大环境下，转型是刚需，而主体实施有困难，我基地抓住这个时机，及时有效地给实体店赋能，为实体店转型店播尽了绵薄之力。

看花容易绣花难，实体转型其实并不容易，不是开个号，架设个直播间就能轻松实现的，它是复杂、漫长又反复的系统工程。我们发现，店播要获取流量及流量变现，首先要在短视频账号上强化几个要点，一是达人和产品的嫁接产生内容；二是内容的传播沉淀粉丝；三是场景的滑道产生成交。

1. 达人和产品的嫁接产生内容

内容的落脚点有两个，一个是达人，一个是产品。内容的载体都要落实到达人身上，这样的流量才有延续性。因为达人实际上就是一个超级导购，他推荐什么，粉丝都会去买。那为什么会是达人跟产品的结合产生内容呢？比如说，一个达人售卖的产品是化妆品，它的内容输出，一定是在什么时候用到什么产品，产品该怎么用，他需要用到什么技能，这个就叫作达人和产品的嫁接产生内容。而不是达人随意乱说，或者说其他不相关的内容。

当前，大量的商家达人号都在做产品的评测或者是推荐，这本身就是内容，这样做的好处是变现会很轻松，产品即内容。

2. 内容的传播沉淀粉丝

沉淀粉丝这个逻辑，用四个字来形容就是千人千面。每个人都有吸引自己粉丝的办法，首先要确定人设。如李佳琦，他很懂女性的心，又很会带节奏。利用"Oh my God、买他"等鲜明的口头禅确定人设。再比如，有一个主播，他身高大概只有 1.5 米，每一次直播，他都要带上一个大箱子，那个大箱子跟他差不多一样高，箱子里面有各种配饰、鞋子、帽子，会根据你现在所有的衣服，提前花几个小时来搭配好各种穿法，每一套衣服呈现出来，他都有像拍照一样的场景化和搭配内容。消费者一看，这一套穿着好看，那一套穿着也好看，就会觉得你是一个很会穿搭的人。传递穿搭，本身就是一种内容，会吸引很多粉丝。

3. 场景的滑道产生成交

你在看抖音视频内容的时候，蹦出来的那个购物车，就是一个触点，在直播的时候，蹦出来的购物链接，也是一个触点，这个触点，实际上是从场景里面蹦出来的。而内容跟达人、产品的结合，就是一个滑道，所以就有了"场景的滑道产生成交"这句话，而这个滑道就解决了用户为什么要购买的问题。

4. 实际运用案例

下面两个真实的实体转型案例就是围绕上面的三个要点实现有效转型的。

2021年7月，南京疫情肆虐，实体店转型工作启动。

常州曾经一家不起眼的猪肉销售店铺，通过线上短视频引流，快速把二花脸品牌在当地做出影响力，成为家喻户晓的猪肉品牌，短短半年开了六家分店（图7-11，图7-12）。

图7-11　周继霞/二花脸猪肉品牌销售经理　　　　图7-12　二花脸猪肉专卖店

廣和蘇品牌创建于2020年11月，是一家一直坚持采用上等原料，采用特色配方，利用独到的工艺，将广式和苏式的美味完美结合，打造口感纯正的鲜糕点品牌（图7-13，图7-14）。公司集研发、生产、销售于一体，拥有专业的研发团队，严谨的管理、先进的设备将健康、美味和高品质的食品带给每一位消费者。

图7-13　王峻健/鲜糕点老板　　　　　　图7-14　廣和蘇鲜糕点专卖店

突如其来的疫情给新创品牌带来了前所未有的危机，南京反反复复的疫情使得到店人数大大减少，营业额断崖式下滑，房租、人工等成本每月都在支出。作为新生品牌，每时每刻都在经受着现实的考验，想要生存，必须要改变。

5. 自媒体的力量，让品牌影响力快速增强

2022 年 3 月，江苏省互联网协会联合南京紫东直播基地开展店播实体店数字化转型公益培训，帮助实体商家利用新媒体的力量为实体店铺引流宣传，带动销量。

就在当月，二花脸猪肉店经理和廣和蘇实体店老板在朋友的介绍下，参加了本次培训活动。

本次活动分为三个阶段，线上 5 天培训＋3 天线下指导。

（1）《店播》线上课堂。

（2）学习完线上课程之后，在南京紫东直播基地（江苏播众直播商学院）的技术指导下开始尝试做自媒体，通过自媒体平台不断地曝光品牌，提高影响力。

（3）在江苏播众直播商学院学习短视频内容的创作、引流方法、直播技巧、本地同城团购销售、私域流量的管理等，在疫情反复时期，店铺销量日益递增，远远超过自己的同行，疫情前后销售额对比翻了一番。

6. 抓准时机，利用品牌影响力快速扩张

自媒体的加持不仅给两家实体店铺带来增量，而且使很多看到短视频的人慕名而来，学习相关的技术和店铺经营方法。

作为一名在新媒体里创富的受益者，本着分享的心态，我把自己的成功经验传授给了前来学习的朋友，快速扩张，实现了品牌的连锁。

7. 线上引流，放大产品价值

商家通过拍摄短视频，向消费者展示自己的产品和服务，从而达到宣传和成交的目的。

那商家如何制作短视频的内容呢？江苏播众直播商学院在为实体店培训的过程中，重点分析了不同的商家在围绕自身产品拍摄内容的时候，把优势放大，并在应用场景中突出优势，达到消费者对产品认可的目的。

8. 公域转私域，使客户价值达到最大

私域流量的运营在于一对一的沟通，而在沟通之前，你一定要知道这个人的很多情况，才能有的放矢。

比如，加上一个好友后，你一定要先翻看他的朋友圈，提取他的关键信息，然后，在标签和备注上把信息填充完毕。有如下几个维度供参考：时间、地址、职业、价值度等，这有利于后期做客情维护、粉丝来源等。

打标签还有一个好处，因为你的销售很多，流动性很强，如果标签打好了，下一个销售就能自动看到这个客户之前的情况，一目了然。

9. 做私域流量运营，一定要学会这套朋友圈区别化运营策略

很多人发朋友圈，都是写出一条，然后点一下发送就完事了。但是，你想想，如果一个朋友刚刚买了你的东西，你就把他跟你的聊天截图发出来，他看到了是不太高兴的。但是，你又很需要用这张聊天截图去影响别人，那你为啥不选择某一部分人可见呢？实际上，我们朋友圈的人，是分成很多类别的，你完全可以给每一个类别的人看他想看的内容。这就是熟练掌握朋友圈分组可见的功能。比如说，你把人群按照消费能力分成高中低三个层次。给高消费力的人推荐5000的套餐，给中消费力的人推荐3000的套餐，给低消费力的人推荐900的套餐。针对这三种人群，制订三种不同的朋友圈活动，设置成分组可见。

正常情况来说，你一个月只能打一次促销活动。但是如果你把人分成了三组，那就可以10天搞一个活动，这样，你一个月，针对三组人搞了三次活动。我们都知道，打促销能出业绩，这样的打法不就是抖音说的千人千面的信息推送玩法吗？通过这套打法，快速锁定有效精准客户，扩大品牌影响力。

（案例提供者：朱永辉）

三、助力实体，赋能行业转型

随着职业技能的发展与推动，苏州率先制定无社保全额补贴政策，加速职业技能的培训落地，苏州博邦职业培训学校（简称苏州博邦）将此政策执行到位，助力苏州当地数字经济发展、实体产业升级转型。

近年来，受疫情影响，各行各业的经营都受到了严重冲击，大量的产品积压，农产品滞销。苏州博邦借助无社保全额补贴政策，让更多人在零投入的情况下享受到系统化的培训，让更多人拥有短视频拍摄剪辑能力、直播销售能力，从而推动自身产业的发展。苏州博邦互联网培训班走进苏州各大街道，结合街道特色、产业特点，量身定制课程，采取针对性教学，让厂家、店家真正掌握技能，学以致用。

1. 互联网培训助力镇湖街道绣品销售

2021年5月，苏州博邦走进苏州绣品街镇湖街道进行互联网培训的宣传，当天报名学员超过80人，两班同开。课程对刺绣产品以及绣品的历史发展、短视频拍摄剪辑及直播带货教学进行重点讲解（图7-15）。

本次互联网培训得到了全体学员及街道的高度认可，学员结业后更是积极地将拍摄短视频和直播带货运用到自己的刺绣产业，从等客上门到开启直播，足不出户将绣品销往全国各地，带动了整个街道的发展，部分账号的销售额稳定在每月百万元以上（图7-16）。

图 7-15　苏州博邦走进镇湖街道

图 7-16　学员销售情况

2. 疫情之下，互联网助力家具厂停业不停售

张世军是江苏蠡口家具厂的一位老板，主营儿童子母床、学习桌椅。自有

生产工厂研发团队，仅苏州蠡口家具城直营店就有 5 家，代理商遍布全国各地。但这两年受到疫情的影响，苏州直营门店缩减到 2 家，而批发生意以及各地代理商缩减更为严重。作为老板，张世军愁白了头，也不得不转战互联网。但问题来了，从老板到员工，都不太懂互联网，更没有人会直播，于是辗转找到苏州博邦。苏州博邦的互联网老师针对性地做出了培训方案，短短 5 天时间，让对短视频、直播一无所知的张世军及其员工，从短视频拍摄剪辑、直播前准备、直播预热、直播选品、直播方案再到直播落地，学到了线上直播的营销技能。张世军亲自带头示范，进入直播间直播带货（图 7-17），员工也从刚开始面对镜头不敢说话，到在直播间不仅能流畅地表达，而且会有节奏地直播，店内的员工也学会了一起配合作战。短短 5 天时间，员工自信心倍增，在其他店家停业没有营收时，他们不但通过直播带动了线上渠道的收入，更重要的是学会了线上自运营。也正因如此，疫情之后，他们以更快的速度带动了自营店的销售及全国代理商的商业复苏。

图 7-17　张世平直播销售家具

　　经过一段时间的运营，从家具城的管理人员到每个商户，都意识到了运用互联网的重要性，开始规模化组织互联网知识培训学习。2022 年 9 月中旬，蠡口家具城 A 栋 39 个商户，在商场统一的组织下开启培训学习。

　　全商场 110 户商家开始大矩阵账号的运营，借助短视频和直播为 A 栋引流，为自己拓客。此举也影响到整个蠡口乃至周边城市（张家港）家具城对互联网的认知和学习兴趣，全员学习短视频和直播销售。

3. 短视频助力"欢跳"室内游乐场，实现疫后收入大爆发

　　2022 年 2 月，疫情来势凶猛，苏州也同样遭受侵袭，很多实体企业都受到严重影响，居家隔离，店铺关门，一时间，苏城陷入静止状态。苏州欢跳体育文化有限公司同样面临着严峻的现实，为了把场内游乐项目做好，同时给客户更好的服务，春节期间扩大规模，新增 2 家店铺，同时增添了全套全新的设备，各门店配套了员工和教练，而当这一切都准备好，等待红红火火开张时，却迎来了疫情，这可急坏了老板。因为休闲娱乐项目是人群密集场所，所以在当时的情况下，更是难以变现。4 月份，在苏州博邦的策划下，通过团购的方式，短短一个月就将欢跳 5 家店几乎做到在苏城家喻户晓。5 月底，苏州实体门店全部恢复正常营业，在很多老板迷茫不知道如何快速复苏时，欢跳的新店开业却一炮而红。张晶老师组织 20 多位达人，利用短视频将新店门票直接卖爆（图 7-18），开业当天更是人山人海，短视频播放量平均在 5 万左右，而出单量达 4000 多单，营业额突破 30 万元，老板也终于露出 4 个月来第一次发自内心的笑脸。

图 7-18　利用短视频销售门票

2022 年 7 月，同时启动苏州格林公园店、狮山龙湖店、苏州中心店、相城大悦春风里店及常熟店 5 家店铺的短视频推广引流，5 家店出单达 3 万单，营业额突破 230 万元，同时借助社群短视频营销，自主产生裂变，把大量的客户群体打造成门店大矩阵，保证客源稳定。

4. 互联网助力水八仙生态园

提到苏州美食，难免让人想到苏州的水八仙，生在水中的 8 大美食食材分别是鸡头米、莲藕、茭白、荸荠、水芹、慈姑、莼菜和菱角。而水八仙之首——鸡头米最具代表性。苏州甪直镇水八仙生态园，集休闲娱乐、农家乐、亲子采摘、户外拓展于一体，更有近 2000 亩的鸡头米种植基地。2022 年，从镇政府到乡村书记、农科院等都非常重视短视频、直播的作用，从账号的运营搭建、短视频的拍摄剪辑到每日作品的更新发布，短短一个月时间，就将两个账号（鸡头米账号和农家乐账号）运营得非常棒，虽然位置相对偏远，交通相对不便，但农家乐账号一直稳居苏州农家乐第一名，短视频平均播放量在5万以上。

接下来，苏州博邦将联合苏州最大的农副产品集散中心——南环桥农副产品批发市场，大力开展互联网培训落地工作，把数字技术推动农产品销售的举措落到实处。

（案例提供者：刘慧）

四、火锅店的浴火重生

海椒市火锅串串香店作为近期一个案例，有很多地方值得分享。看如何通过网红探店，新媒体运营给一个濒临倒闭的店面带来新的商业转机，由此也可通过案例细节的放大，了解轻餐饮店面的运作方式。

1. 客户分析

海椒市火锅串串香凯瑟琳广场（南京首店），是一家以加盟方式引进的串串类、四川火锅类店铺，该店主打各类串串、四川特色餐品及黄油啤酒，店面装修风格复古，走的是时下的 ins 拍照复古风潮店。

但是自开业以来，生意一直不温不火，究其原因有以下几个方面：

（1）疫情余威下，餐饮业受影响严重，很多特色餐饮因为其口味独特、受众窄，无法在疫情下满足顾客的正常饮食需求，小众餐饮举步维艰，受影响颇高。

（2）选址有问题。选择了南京近三四年新兴的凯瑟琳广场，可是忽略了凯瑟琳的定位变化。只从网红角度找寻匹配度，却没有从周围业态角度出发。凯瑟琳成为南京城北的夜文化代名词，很大程度上依赖于其中的酒吧主体，餐饮所占比重相当低。而夜场酒后的饮食男女，更多可能会选择海底捞或者粥品这样的食物调剂味蕾。

（3）菜品问题。通过分析美团和点评上的菜品，该店的菜品、套餐组成有较大问题。在商家推荐菜及顾客反馈中，有较大好评的反而是6款饮品，而餐品只有两个锅底和一个糍粑。这样的推荐菜品同质化严重，对盲搜探店的人群来说，没有引流的能力。

（4）价格过高。作为串串店，本土文化传播的应该是平价、亲民的氛围，但是在凯瑟琳选址和品牌加盟，无疑造成产品溢价过高，价不符实，在同质化竞争严重的领域，很难吸引消费者光顾。

（5）品牌定位模糊。海椒市是成都的一条街道名，在品牌宣导和店面文化中，没有凸显出海椒市的特色定位，只是将 heyjoy 这样的中英文联想代入其中，很难与消费者产生文化共情。同时火锅串串香店的定位着实尴尬，相对厕所串串、小郡肝这类店面，主打的就是串串，而不是似是而非的火锅串串香，让消费很难区分，到底是串串还是火锅，究竟做的是什么产品。

（6）宣传途径单一。起初只通过社群营销，私域流量转化加上美团点评的活动促销，收效甚微。只在刚开店时，通过所谓成都市排队最厉害的串串这一噱头，吸引了一小波人。但是就此带来的口碑呈滑铁卢下降，低于南京市串串与火锅店的平均评分。

（7）服务意识不足。无论是店内的服务还是线上的响应度，都无法满足食客对服务的需求，火锅领域在海底捞机制服务的对比下，更会让负面评价不断飙升。

2. 新媒体运营

以上是对店方一些问题的粗浅分析，随着探百店活动的发起，我们对该店提供了品牌重构和推广的几项服务：

（1）撰写公众号软文。对品牌重新定位，从小红书、微博、公众号本地化阅读的习惯和喜好中，寻找合适的点，增加话题关注度，营造认同感和趋同感，引发客户讨论，进而产生探店欲望。

（2）多途径的宣发。利用网红达人探店的模式（图7-19），短时间内在抖音、快手、腾讯微视频和西瓜视频上，展开多点爆破的推广活动，造成了短时间的话题热度，吸引了流量，同时与商家推出超级优惠专属套餐，吸引线上消费，为后期的转化提供数据支撑。

图7-19 网红达人探店

（3）直播。店员经过培训后在店面内进行场景化直播，提升人气，留住铁粉，形成多次门店转化。

（4）把所有粉丝聚集在一个社群里，及时更新门店活动，活跃粉丝群体。

无论是线上人气聚集还是线下流量转化，以上方式都给店家带来了极大的增量。可以看出，在商业本质不变的情况下，重策略、多途径、多维度的宣传是有极高的商业价值的，后续可根据合作意愿，分析客流成因及消费习惯，定向提供有效的品牌推荐、套餐促销，帮助店面更好的运营。

（案例提供者：孟丽莎）

五、老品牌的创新路

1. 我们为什么做抖音直播

我们是红豆集团旗下红豆居家电子商务公司，对于公司是否要做抖音直播，其实早期有过纠结，因为我们以往主攻线下连锁专卖以及线上传统电商平台，加之大家对抖音直播带货都比较陌生，也缺乏相关经验。所以，一开始我们觉得可能不太适合在抖音直播。但是后来随着疫情的波及影响，我们也做了相关的消费者调研报告，通过报告，我们发现消费者的消费习惯发生了很大改变，比起外出购物，消费者更倾向于在线上随时随地看抖音直播下单，所以抖音直播早已走出秀场模式，与更多垂直领域相结合，成为电商行业的主流形态。同时，身处短视频时代，抖音显然是最重要的自媒体平台之一，并且，这个平台是当下最能够紧跟时代，同时聚集了绝大多数20~40岁主流消费人群的互联网用户，而这些用户无疑是我们想要抓取的"高势能、年轻态"产品的核心人群。因此，我们扭转观念，让抖音成为我们直播的试练场。

2. 我们如何确立直播品牌定位

下定决心之后，我们就开始撸起袖子加油干。品牌定位成为我们起号前期的第一个问题。于是我们针对"卖什么产品？供应链是否足以支撑？产品是否存在差异化？"等众多问题，做了大量市场分析。最终，围绕"红豆居家 柔软型内衣"的定位，开始部署相关工作。

（1）团队搭建。直播成功的关键在于"人、货、场"的合理搭配。在团队建设方面，我们坚持奉行"灵活的前台，坚实的中台"。我们先把经验丰富的天猫运营人员召集在一起，组成抖音直播项目组，包含了主播、投手、场控、客服。

不同岗位的负责人员各司其职。但是这还远远不够，因为直播需要团队精神，一个小团队的直播带货要想成功，需要前期接受专业的培训。针对不同的岗位，我们邀请外部经验丰富的讲师前来培训，使主播、场控等人员在抖音直播前都掌握入门经验后再上"战场"。此外，我们内部团队也会定期组织讨论，一起观摩、分析行业内做得比较早的或者较成功的案例,从他们身上学习直播的一些基本功和底层逻辑,争取在追求差异化的前提下,保留红豆的品牌特色。

(2)选品策略。在选品策略方面,我们追求新产品的推出和不断迭代。注重高颜值、高势能、高端化、年轻态,其次新产品特别注重科技含量,越有科技含量就越能征服人心,越能创造更好的效益。

在直播过程中,我们也会合理选择引流款、爆款、利润款来促进直播间成交。无论是全品类直播间还是垂直类直播间,按照商品在直播间发挥的作用,一般会分为引流款、爆款、利润款等几类,其中引流款和爆款常用来增加直播人气和销量数据。引流款的作用是为直播间引流,也常被称为福利款或者宠粉款,常见于直播开始前 20 分钟的热场活动,以及配合直播期间的 feed 流投放。一般来说,这些商品都具有超高性价比,并常常是成本价或低于成本价。爆款,也被称为跑量款,主要作用是为直播间冲业绩。这些商品作为直播间主打款,一般讲解频次较高或讲解时长较长。同时,这些商品的价格通常不像引流款那么低,能被大部分观众接受。利润款,为了整场直播的盈利,我们还需要增加高利润商品的配比。利润款一般品质较高,或者产品卖点上有自己的独特之处,并且用户对这类商品的价格敏感度不高。除此之外,有的直播间还会设置"基础款",作为不同定位商品之间的过渡,用于调整直播观众的购买节奏;也有的直播间会设置提升整体商品档次的"品牌款"以及对标爆款的"炮灰款"等。

直播期间的商品上架节奏和讲解时长并不是一成不变的。一个成熟的直播运营团队,通常会根据直播期间的实时数据变化进行调整。

巧用引流款提高直播间人气。我们知道,直播时间越长,直播间观众的流失比例就越大。当发现直播间实时人数开始下降时,可以增加引流款的投放比例,并搭配整点抽奖等玩法来增加直播间的趣味性,提高用户停留时长。在直播间流量高时推出爆款或利润款,能保证商品被更多的观众看到。同时,主播可以适当拉长商品的讲解时长,反复强调产品的价格或活动,增加商品的转化率。根据观众弹幕需求,调整商品上架顺序。观众对直播间商品有较强的购买意愿时,会主动在评论区进行留言。因此通过互动数据,就可以了解观众对当前商品的关注焦点。根据观众需求调整商品上架顺序和讲解时长,才能更好地留住目标用户。

3. 主播的成长

虽然我们抖音直播团队在直播前都已经准备充分,也预料到直播间竞争的腥风血雨,但是在具体实操过程中,我们依旧吃了不少苦、踩过不少坑。我们都知道抖音直播是引导型和介绍型消费。主播不仅需要在直播间精准地把产品介绍清楚，还需要在 10 秒、20 秒等短时间内留住进直播间的消费者，促成销售。这对主播的要求很高，主播们时常直播到凌晨见月光，复盘下班见朝阳，不敢喝水上厕所，吃上饭时菜已凉。话术和技巧可以靠磨炼养成，但体力和心态只能靠自我调整和消化。成为一个主播门槛很低，但是成长为一个优秀的、具备运营思维的主播实属不易。

4. 抖音直播做得如何

刚开始直播间只有几个人，这个时候主播的心理压力就会特别大，想着练习这么久，结果只有寥寥数人，一些主播就会变得提不起兴致。这时候就体现出团队的重要性了，场控要积极附和主播，说一些暗示的话语，为主播打气，增加直播间的热闹氛围。每次直播结束后，直播团队都会针对当天直播中的产品、话术、状况等内容以及同行直播情况进行复盘，从中汲取经验并加以改善，并且为明日的直播做好部署和准备，只求一天比一天更加完善。经过一段时间的尝试，直播团队积累了不少经验，越做越有感觉，成功地将第一个抖音直播号做到了日销百万，研发的核心爆品在短短两个月内创造了三千万的佳绩。回想一路走来，产品研发的焦灼、工厂的快反压力、团队夜以继日地付出、一直萎靡的业绩……此刻，一切都成为最宝贵的经验，我们终于尝到了直播的甜头。

（案例提供者：浦龙君）

第三节 平台聚势

一、直播打开农产品销售新思路

江苏常州溧阳市戴埠镇欣帆副食超市内，金丝利溧阳分公司组织的第一场直播带货圆满收场。带货主播、客户经理王舒昀下播后第一时间调看数据——整整一小时，售出笋干 30 公斤、小番茄 66 公斤、杨梅 120 公斤，销售额两万余元。

"感觉比想象中还要好！第一次直播取得这样的成绩，让我们整个策划团队信心倍增。"而当晚最开心的，要属来自溧阳戴埠镇的 10 位农村金丝利微店小店店主，就在不久前，他们还在为自家的农产品卖不出去而发愁，这场金丝利微店的直播带货让他们看到了希望（图 7-20）。

时间回到 2021 年 5 月中旬，"我们客户经理在走访农村小店的客户时发现，虽然疫情防控形势好转，但农产品滞销问题仍然困扰着一些农村小店客户。"

"上门收购的人少了大半，卖不出去的话，就得眼睁睁地看着果蔬烂在地

图 7-20 江苏金丝利客户经理和主播在向直播间的观众推介小店的黄桃

里，许多农村客户都这样和我们说，客户心里急，却又找不到好办法。"金丝利的客户经理王舒昀如是说。

金丝利公司了解到情况后，决定第一时间启动对农产品有困难的小店店主开展培训和帮扶工作。在金丝利的倡议下，全省多个城区的小店零售客户自愿加入对农村小店店主的帮扶行列。

为此，金丝利专门在江苏全省 40 多万零售户的企业微信社区平台"金丝利·家"的社区 K 吧板块组织召开了一场专题讨论，与城区、乡镇诚信互助小组的客户代表集思广益，群策群力，最终明确了帮扶方式：金丝利搭台、城乡互助，直播带货、爱心助力。

恰逢省农业农村厅、省通信管理局和江苏省互联网协会邀请金丝利一同参与苏货直播的建设研讨和培训，像王舒昀一样参加培训的客户经理代表们也将培训心得和课程内容以短视频的形式上传到"金丝利零售学院"和"金丝利·家"K 吧里，让有意向参与帮扶的店主们学习直播带货的知识。

"农村零售客户将农产品以优惠价卖给城区零售客户，城区零售客户自主选择自用或二次销售，这样既能解决农村零售客户农产品滞销的问题，也能让城区零售客户享受到物美价廉的农产品货源，并且可以拓宽增收渠道，最终实现互利共赢。"金丝利溧阳公司的客服科科长孙浩威说。

1. 突破传统营销，开启直播销售

面对火爆的直播和不断刷新的销售额，金丝利微店小店店主有很多顾虑，迟迟不愿行动。从不懂直播、不知道如何写脚本、不知道如何与客户互动到会不会浪费时间……

金丝利客户经理的一句话点醒大家："你线下咋卖，线上就咋卖，咱们这么好的产品，这么多年的买卖经验，难道用个手机就忘了？"

于是，大家一拍即合，开始学习直播带货。起初，面对如何开直播、设置界面、优惠额度等，大家都觉得很难，但是随着深入学习，大家笑着说："都是纸老虎，用心就会用。"

在面对镜头紧张得不知所措时，客户经理想了一个好方法，把手机当成人，不去过度关注他，就对他一直讲。微店小店店主笑着说："平台给了咱流量，观众比平时顾客多很多，咱产品又好，说跑一个也不怕，总是会有人买的。"就这样，直播成为销售的一种途径。

2. 直播培训，学会引流复盘

刚起步的主播，在积累经验的同时，也遇到了很多问题。观众数量没有增长，留不住客人，销售额提升较慢等。面对这些疑惑，金丝利客户经理们到店进行了专业的直播培训（图 7-21）。

图 7-21　金丝利客户经理们到店为零售户进行直播培训宣讲

店主们开始学习利用系统数据分析用户偏好，学会用部分产品进行低价秒杀引流。脚本、流程控制也从原来的不停说到开始有了节奏。学会了卖一波、等一波、再卖一波的控场节奏，最大程度地留住了客户，实现了销售额的突破，更学会了与用户的友好互动，成为客户口中情真的农村老铁，获得大量的粉丝关注，之后每一场直播在积累粉丝的同时，销售额也在不断增加。

3. 坚持直播，实现销售突破

"今天的直播到这里就结束了，感谢大家的支持，我们下期再见！"在天目湖丰畅金荣黄桃园的田头，第二期溧阳市金丝利分公司的"爱心助农"直播活动顺利结束，累计吸引 500 余人在线围观，售出黄桃 100 多箱，帮助农民缓解燃眉之急，也实现了疫情下的销售突破。此次带货成功离不开零售客户的支持，离不开金丝利直播的支持，更离不开客户经理"主播们"一次次辛勤的直播。

（案例提供者：王舒昀）

二、特殊时期下，直播化"危"为"机"

"门店开不了门，生意做不了，接下去该怎么活？"2020 年春节期间，这是一直困扰着钱冬梅的问题。

钱冬梅是江苏海安的一位乡镇店老板娘。受疫情影响，乡镇店的生存非常堪忧，因为她的线下店经营几近停滞，钱冬梅也开始为钱发起愁来。

就在钱冬梅为经营发愁时，没想到竟有人主动上门跟她说，要做她的直播"经纪人"。这个人叫史厚伟，是汇通达苏北分部运营团队的铁军。

原来，在 2020 年疫情最严重的时期，专注于农村市场的汇通达，意识到了当时农村乡镇店的线下经营困境，在全国乡镇市场发起了一场飓风战"疫"行动，目的是帮助广大乡镇店在困难时期做线上转型，并由汇通达农村一线服务团队"铁军"点对点帮扶乡镇夫妻店，助力广大乡镇小微企业在特殊时期"重启"经营。

这个门店"经纪人"建议的方案是，让这位普通的农村乡镇店老板娘在自己的门店开直播、做主播，把传统经营做到线上去。而在这之前，老板娘钱冬梅连一次网络直播都没有做过，这又让她犯了难。恰逢疫情当下，汇通达针对网络直播开始免费开班授课，为像她这样的会员店老板讲解乡镇店怎么利用抖音和微信做线上化经营。钱冬梅像充满电一样，上课动力十足，场场不落，听得认真。

一周的时间，钱冬梅努力学习直播预热、社群营销、活动拉新、直播选品、直播方案、直播落地，学到的新型数智零售、营销技能让钱冬梅逐渐找回信心，尝试线上带货，并积极地跟汇通达直播团队沟通选品。在他们的建议下，除了店里销售的日常商品外，钱冬梅还筹备了一批不锈钢盆、收纳盒等，作为 1 元、9.9 元包邮的低价引流品。直播前一周，钱冬梅就开始在门店发传单，给她的直播活动线下造势。同时她也在微信上拉起了社群，从亲朋好友到左邻右舍，再到不认识的乡里乡亲，群里的好友逐渐多起来，"红包""秒杀""免单""直播"就这样在这个小镇里传播开来。

2月29日下午两点，钱冬梅开始了从业20年以来的第一场直播。她拿起一个电水壶，用带有南通口音的普通话，对着镜头介绍电水壶的功能和价格（图7-22）。

图7-22 钱冬梅直播销售电水壶

直播前，她特意化了一个精致的妆，整理了衣服。确认了一下支架上手机的摄像头效果。钱冬梅的直播和微信群开始在海北镇居民的朋友圈里面流传，很多人在抖音上认出她来。"这个人就是那个长着圆脸、经常笑眯眯的老板娘嘛，蛮闪。"

而这场两个小时的直播结束后，钱冬梅吃惊于自己首场直播的带货能力，她还看到自己的"店"里涌进来小镇以外的顾客，这还真是她这个本地"生意人"第一遭遇到。

当天，钱冬梅的这家老店"海北家电"有了新粉丝。直播引流同城粉丝观看量313人次，而靠直播新增的网店粉丝达86人。而更让钱老板喜笑颜开的是，她觉得自己只是在镜头前介绍了一下自己再熟悉不过的门店商品，就开单计 106 件，销售额超 43 万元。

钱冬梅受到了极大鼓舞，经营信心倍增。没想到，"直播带货"就这样闯入了生活，钱冬梅成了特殊时期当地的"上镜第一人"，她的新型经营方式引发了不少关注，甚至还让她成了当地的网络红人。这让钱冬梅乃至更多像她一样的乡镇小店老板快速醒悟。在新零售和新业态快速发展的时期，手机变成新农具，直播变成新农活，直播带货让他们在这个特殊时期下，化"危"为"机"，也让他们看到了新希望。

（案例提供者：庄梦溪）

三、后疫情时代，传统零售门店如何获客？

我叫杨怡凌，来自江苏省苏州市吴江区。在加盟金丝利零售之前，我的小店陷入了发展瓶颈，却不知如何才能改变现状。

当时选择的开店地点靠近大学城的一条食街，那里食客和学生众多，不愁客源。每天自己进货、上架、销售、盘点，事无巨细，亲力亲为，但看到小店慢慢有了样子，可以说是累并快乐着。随着对业务的不断熟悉，门店客源也逐渐稳定下来。

然而好景不长，生意开始变得不温不火。由于门店没有明确的重点经营品类，什么都想卖，导致商品越堆越多，店内拥挤不堪；加上店面年久失修，缺少维护，昏暗的环境下，来店里的顾客很难找到自己想要的商品。久而久之，进来买东西的顾客越来越少了。特别是新冠肺炎疫情暴发以来，顾客数量更是直线下降，门可罗雀。如何获客，成了我的门店必须解决的关键问题，直接关系到门店能否存活下去。

就在我每天抓耳挠腮、心急如焚之际，一根救命稻草突然出现在我眼前。我平时酷爱看各种推荐的经营公众号文章，从中学习经营之道，其中就有关注"金丝利"公众号。据了解，金丝利零售是为了更好地服务零售客户而打造的自有流通渠道品牌，创立至今已有八年时间，知名度不断上升，成为行业数一数二的品牌。目前已覆盖江苏全省 412 903 名小店经营者，全省 13 个地市均设有金丝利零售自营及各类加盟合作终端 3000 多家，拥有丰富的开店资源。

经过一段时间的观察，我发现金丝利具有吸粉引流和带货消费的超强功能，这对于急需获取新客源的我来说，绝对是一个莫大的喜讯，于是我加盟金丝利。

在金丝利的指导下，我对店招、室内灯光等进行重新改造，利用货架进行商品分类陈列，保持整洁、有序、饱满的陈列状态，一改之前的拥挤、昏暗，让顾客更愿意进店消费。在商品选择方面，所有商品全部从正规的生产厂家和有信誉、售后好的供货商处购进，确保所售的每一件商品都是优质产品，让消费者能放心消费。

除此之外，我开始尝试直播带货。作为一个便利店主，我一直以为线下促销活动就可以，线上直播不太适合这个行业，可是金丝利改变了我的想法，也改变了我创业的结局。

自上线"金丝利微店"开展私域社群运营以来，我开始尝试直播，在不断积累中，现在可以实现一场2小时直播，为4个参加活动的品牌带来203笔线上成交，仅仅"老街口"品牌瓜子，一场直播就卖出了200多包，活动当天很多库存清零（图7-23）。

图7-23 金丝利微店直播

1. 微信客群积累，直播带货引流

刚开始直播时，我参考了很多网红博主的直播方式，学习写脚本、流程、话术，然后开始直播。可是我渐渐发现，我们人群定位不同，我的市场为周边市场，很多用户无法下单。随即，我开始与客户经理沟通，了解周边市场的直播方式与引流方式。

我从金丝利组织的"金丝利宠粉购"活动生成的"周周宠粉购福利群"开

始入手，尝试着引导新客户激活会员、锁定卡券、关注积分，并通过金丝利公众号的新品推送、促销信息等持续保持客户黏性，逐渐把新客户发展成专属门店会员。同时，让客户添加我的个人微信，建立微信社群，有时候也会进入附近的学校、居民区做活动，添加好友。这样我就有了一个用户流量池，每次做活动时都会在群内通知，进行引流。除此之外，直播引流、线上微信裂变也必不可少，这样慢慢积累，我拥有了稳定的周边客群。

2. 大数据选品，实现销售爆单

经过一段时间的直播试水，我不仅把抢到的福利礼品等资源拿来回馈自己的客户，而且根据"金丝利·通"和"金丝利微店"微店管家上面的"热榜"，认真分析自己门店热销与全市热销 TOP10 商品，依照不同商品的月度账单、年度趋势、经营毛利和支付数据来调整门店商品的定价跟陈列，然后通过系统数据推荐和计算结果精准地对销售策略做相应调整，加大热销商品进货量，对动销慢的产品开展促销活动，实现业绩与客单值的双提升。

随着信息技术和物流业的快速发展，实体零售转型升级的需求愈加强烈。新零售成为市场趋势，而直播就是新零售的重要渠道。之后，我会继续坚持直播，用直播和客户互动，增加客户黏性，培养粉丝群体，实现我的创业目标。

（案例提供者：杨怡凌）

四、探秘"后浪"乡镇店老板，揭露"逆势上扬"之谜

六到八月，本该是家电行业老板翘首以盼的销售旺季，然而 2020 年的夏天持续降雨，使得原本期待的忙碌未能如期而至。

在江苏镇江，丹徒镇恒升电器经营部的老板与别的老板一样，显得有些无所适从，不过现在，他终于露出了如释重负般的笑容。

原来，朱老板店里刚刚结束一场活动，并且取得了喜人的成绩，他激动地说道："多亏了汇通达苏南分部的运营团队，有了他们的帮助，这个夏天不慌了！"

朱老板是一位敢闯敢拼的 90 后，从事家电行业已有 4 个年头，他不断探索乡镇门店的转型之道，其中也遇到了一些瓶颈，拉新难、粉丝成本高、厂家价格政策调整等，让门店业绩逐渐下滑。

一次门店陌拜中，汇通达苏南分部的达人铁军王文滔了解到朱老板目前遇到的困难，跟朱老板深入沟通后，决定以一场活动帮助门店进一步转型升级。本次活动恰逢汇通达 7 月制冷节，朱老板期望借力汇通达总部的活动资源，促进门店高端产品的销售。

可是连绵的阴雨天气导致线下活动难以开展，王文滔立即和李云、姚鹏等分部同事商讨，决定利用直播方式，以"新品首发，超级放价"为主题，策划

了一套"重线上，轻线下"的营销方案。

1. 运用汇通达系统工具，完成线上运营闭环

直播活动的方案很快就得到了朱老板的认可，可是一贯做线下门店生意的他，不明白怎么把门店商品上传到线上。没有线上商品，直播就没法开展，这又把朱老板难倒了。汇通达苏南分部运营团队选择从工具赋能开始，首先帮助朱老板安装了汇通达智能门店零售工具，又手把手教会他如何使用。朱老板不仅很快熟练操作，还读懂了每项功能的价值，从上架商品、库存管理、进销存管理，到线上营销活动设置，并逐渐养成使用习惯。线上活动的开展，一律基于汇通达的系统工具（图7-24）。这下直播的商品就轻松上线了。

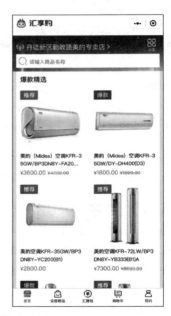

图7-24　汇通达系统工具界面

2. 裂变社交圈子，引入直播新玩法

为了做好直播，前期的运营工作也不能懈怠。除了日常运维，考虑到粉丝的留存和转化，恒升电器的社群体系也在不断搭建中。活动期间，为了拉新活群，汇通达苏南运营团队的工作人员在群内积极互动，每日定时推送早报，不断发起砍价秒杀活动，粉丝热情参与，很快从十几个人的小群，扩展为超200人的大群。

直播前期的阵地已搭建完毕，接下来的重头戏——以"新品首发，超级放价"为主题的直播活动闪亮登场。经过前期大力宣传引流，直播过程中许多粉丝全程互动参与，为会员店老板加油，在线观看人数超500，整点限量秒杀产品全部售罄！

同时，还在线下举办了吃西瓜、喝啤酒比赛和 KTV 比赛等趣味活动，将直播引流锁定到线下门店人群，提高门店曝光量，利用新人福利，引导粉丝注册汇享购小程序，现场吸粉超 200 人，并成功转化了 10 位意向客户交付定金。

活动结束后，朱老板对汇通达苏南分部运营团队的专业度表示十分敬佩，对门店直播及线上化经营信心倍增。代表着乡镇门店"后浪"的朱老板深刻认识到，如果抛弃线上，只顾线下生意，实在不是明智之举。只有把线上线下相结合，让直播成为门店销售的新工具，通过门店数字化掌握动销数据，优化运营和管理，才能真正将生意做大做强！

（案例提供者：肖文）

五、店铺经营转型升级　数据支撑直播增收

我是江苏省南京市高淳区的贵福便利店店长诸学敏，家里一直从事着蟹的养殖业务，同时也经营着杂货店。我们家的杂货店一直是家里十几年来的经济来源，当初本着能省就省的打算，小店的经营也一直处在无经营亮点、无门店会员、无数据系统的"三无"状态。直到大学毕业后，我回到家乡，帮父母一起打理这家店铺，才迎来了改变。

1. 回家创业，加盟金丝利零售

我决定回家好好大干一番，让这个老店成为家中二老养老的生活保障。恰逢江苏金丝利推广建设"金丝利零售"加盟店，数字化小店模式，与我的店铺升级想法不谋而合，于是我们报名了第一批金丝利零售加盟。同时，店里也把家里养的"固城湖大闸蟹"作为产品在销售，我们店一下子成了镇里的"网红店"。

2. 疫情之下，数字营销扭亏为盈

2020 年新冠肺炎疫情暴发，我的店铺受到了前所未有的挑战。大家都选择网上购物，店里的生意一天不如一天。看着店里惨淡的经营数据，我心急如焚。

这时金丝利的客户经理主动找到了我，指导我学习在"金丝利零售学院"组织的"开口营销"直播培训活动，并且开通微店直播账号，给我们附近镇上的居民拉起了粉丝群。

在金丝利微店运营人员的指导下，我学会通过"金丝利宠粉购"企业微信客户群，利用门店立牌、堆头陈列和"金丝利·通"智能 POS 积极吸纳店铺会员，分析并利用后台消费数据，从经营商品向经营数据转变。

店铺也从原先一个郊县普普通通的食杂店，成功转型为数字化新零售门店。通过系统计算，制订相应的促销方案，实现销售额和客单价的双提高，成

为周边店铺的榜样。

3. 直播裂变，扩大市场，提升客单价

今年中秋节，我报名了金丝利宠粉购的"金"喜来袭带货直播，现场1.81万人次观看，线上下单86笔；1小时就将家里的大闸蟹销售了2.4万元（图7-25），盈利3000多元，通过南京金丝利公众号和我自己的微店粉丝群引流，有4000多人浏览。后台数据分析，人群辐射15市，还新拉了800多人加入我们店的"金丝利宠粉购福利群"，这都得益于店播机遇。

图7-25　金丝利零售贵福便利店金秋蟹宴直播活动

4. 平台自带流量，让卖货更轻松

"以前我也想过开网店，但没有流量，没有粉丝，开了网店也无人问津。现在就不一样了，利用微店一键开店，公司微信公众号平台420万粉丝，为我提供了丰厚的'流量财富'，平台更高，起步就有网红级别的流量"。有了流量，就需要考虑产品与内容了。

5. 数据分析高效引流，组合产品实现脱销

我们通过平台数据分析，了解到客户需求，针对大众需求，设计直播脚本、话术，并推出具有诱惑力的产品秒杀进行引流，吸引客户观看。同时，我们还将精选产品进行组合包装，明确其卖点，以组合售卖，不仅给予客户更多实惠，还大量消化库存，我们的很多产品都脱销了。同时，我们还建立了社群，方便老客户复购。

6. 优化物流服务，扩大消费市场

开通"金丝利微店"以后，我们对接到同城配送的物流服务，扩展了商品消费的空间，让消费者能够同时享受线上的便捷和实体的服务。扩大消费市场，增加整体收入，也帮助我实现了创业梦。

直播拉近了我和客户的距离，让我和附近很多居民成了网友，他们也因为认可我，开始购买产品，成了我的粉丝。现在，只要我通知开播时间，大家都会来，没来的客户还开玩笑让我给他留着产品。

（案例提供者：诸学敏）

附录一　法律、法规、政策

中华人民共和国电子商务法

中华人民共和国网络安全法

中华人民共和国个人信息保护法

中华人民共和国消费者权益保护法

中华人民共和国产品质量法

中华人民共和国价格法

中华人民共和国广告法

中华人民共和国反不正当竞争法

互联网直播服务管理规定（国家互联网信息办公室）

网络直播营销管理办法（试行）（国家互联网信息办公室等七部门）

网络交易监督管理办法（国家市场监督管理总局）

互联网信息服务管理办法（国家互联网信息办公室）

互联网用户公众账号信息服务管理规定（国家互联网信息办公室）

互联网音视频信息服务管理规定（国家互联网信息办公室等三部门）

规范促销行为暂行规定（国家市场监督管理总局）

价格违法行为行政处罚规定（国务院）

侵害消费者权益行为处罚办法（国家工商行政管理局）

关于加强网络直播服务管理工作的通知（全国扫黄打非办等六部门）

关于加强网络直播规范管理工作的指导意见（国家互联网信息办公室等七部门）

关于进一步规范网络直播营利行为促进行业健康发展的意见（国家互联网信息办公室等三部门）

关于加强网络直播答题节目管理的通知（国家广播电视总局）

关于加强网络秀场直播和电商直播管理的通知（国家广播电视总局）

关于加强网络视听节目直播服务管理有关问题的通知（国家广播电视总局）

关于加强"双11期间网络视听电子商务直播节目和广告节目管理的通知"（国家广播电视总局）

关于加强网络视听节目平台游戏直播管理的通知（国家广播电视总局、中宣部）

附录二　店播常用术语

主播：本书指在线上销售产品的人员。一名合格的主播应具备展示能力、表达能力、互动能力和掌控能力。

人设：人物设定的简称。初期大部分指明星或公众人物在各种内容平台、媒体等通道上提前设定并演绎的一个相对完美的人物。本书中指主播为了提高推广效率，结合自身的特点和资源，提前设定的一个让受众容易接受的个人或产品形象。

IP（Internet Protocol）：是网络之间相互连接的协议，是为计算机网络相互连接进行通信而设计的协议。有了这个全球统一的规则，网络之间才能相互设别和交流，实现互联互通。

控评：指控制直播间评论区画风，一般主播会提前设置，屏蔽一些负面关键词，引导直播间的良性互动氛围。

引流：引即引进、引入，流即流量，也就是观看的人数和频次。这里指主播为了扩大影响力，提升自身和产品的知名度、美誉度，进而提高销售量，通过各种方法和手段，吸引多平台上更多的用户，或吸引相同用户对自己或产品更持久地关注的方法和策略。

推流：主播将本地视频源和音频源传输到服务器的过程。

带节奏：和控评类似，直播运营会在直播间评论区引导其他用户购买产品。

助播：又名"副播"，是直播间配合主播的助理，负责补充产品信息点、回答用户问题等。

粉丝：最早出现时指追星的人或群体，目前已经扩大到广大网民群体中，泛指对某人、群体或事物的认可和喜爱。

互关：即相互关注。指平台上的个体使用者为了社交、扩大朋友圈，通过相互关注，即按照平台指定的相互加好友的方式，确认双方互为好友，方便联系，并能在对方发布动态信息时，第一时间看到、听到对方发布的信息。

互粉：指平台上的使用者之间，通过平台系统的相互关注后，相互交流，成为对方的粉丝，一般通过点赞、评论对方的作品或发布的各种信息来体现。

互评：指平台上的使用者之间，相互对对方发布的作品或各种信息进行评论，该评论支持文字、图片等各种情绪和评论的表现形式。

完播：指平台上的用户表达，表示用户已经完整地欣赏主播的作品。多出现在主播产品下方的评论区，也表达自己对主播作品肯定和欣赏的意思。

限流：平台对用户有各种规则要求，主播违反平台的某项规则，又达不到封号的严重程度，平台会在推送等方面给予该作品一些限制，主要是对主播发布内容的阅读量和推送量在一定时间内有所限制，以不让更多的平台用户看到这个作品，降低该作品的热度，在一定程度上限制该产品的到达率和推广率。

链接：指在计算机程序的各模块之间传递参数和控制命令，并把它们组成一个可执行的整体过程。本书里指主播的主页上开启店铺，潜在用户可以通过点击链接，直接到店购买商品。

置顶：放置在顶部，即主播把自己希望受众了解的产品，放置在流量入口的显著位置，以便受众能够在第一时间欣赏到。

限关：指限制关注，或限制关注人数。以抖音为例，抖音每日限制关注人数为200人，超过200人系统会提示您已经达限，继续关注无效。一般只限关主动关注对方或回关对方，对方主动发起的关注，则不受这个限制。

回关：指对方主动关注主播，主播觉得对方也是自己想要保持联系的目标人群，在接受对方关注的同时，也主动加对方为自己的好友，成为相互关注的朋友。

回复：回答对方的资讯，一般是对对方的私信、评论区评论进行针对性的答复，私信回复只有双方可以看到，其他受众看不到，而评论区回复，浏览到的所有受众都可以看到，并参与话题的讨论。

私信：私信是不公开的私人之间的互通信息，第三者无法看到。支持语音、文字、图片、表情包等多种表现形式。

封号：以前指帝王、君主封授的爵位或尊号。在网络世界里，指平台对违规用户的一种惩罚措施。平台经审核，觉得用户违规时，对其账号进行暂时性或永久性封禁。当用户被封号时，平台系统自动识别并禁止该用户在规定的期限内登陆平台。

互赞：通过平台提供的"赞"功能，表达自己的赞同、喜欢，送出或收获"赞"的多寡、"赞"给予的偏好，在某种程度上也说明产品受欢迎的程度和主播人气的多寡，也能侧面反映出主播的喜好。互赞就是通过相互给对方的作品点赞，表示对相互产品的赞同和喜欢。

关注：关心重视，延伸到网络上，表示的是一种单向的、无需对方确认的关系，只要喜欢就可以通过平台提供的"关注"功能键关注对方。添加关注后，平台会将该主播发布的作品推送给网友，以便网友可以及时了解自己关注对象的现状和动态。

涨粉：指粉丝的数量在增长。

在线人数：同一时间点观看直播间的用户人数。

直播间 PV：直播间访问次数。

直播间 UV：直播间访问人数。

直播间人均在线时长：用户在直播间平均停留的时长。

引流款：又名"钩子款""秒杀福利"，指价格低至 1 元的产品，帮助直播间拉新。

利润款：又名"高价款"，产品以盈利、高利润为出发点。

标品：具有统一市场标准的产品，价格透明，比如手机、电脑、家电等都属于标品。

非标品：没有明确规格和型号的产品，比如女装、女鞋等；因为产品款式、创意、服务、质量不一样，价格差距大。

白牌：品牌的相对概念，指一些小厂商生产的没有牌子的产品。

UP（uploader）：指在视频网站、论坛、ftp 站点上传图文、视频、音频文件的人。

抖音开屏广告：指打开抖音软件，未进入主页面之前，屏幕上呈现出来的广告。

抖音达人合作：抖音达人指在抖音上粉丝量特别大的人，这里的合作特指由抖音达人为广告主制作并发布商业推广视频的广告服务。

客单价：平均每个顾客的成交额，计算方法是：客单价＝GMV/直播间有消费的顾客总数。

GMV（Gross Merchandise Volum）：即商品交易总额，是一段时间内成交总额的意思。GMV 是电商行业最重要的指标之一，计算公式为：GMV＝客单价×转化率×UV。要想提高 GMV，最有效的手段有三个，一是出售高端的高客单价产品，二是提高购买转化率，三是增加有效购买人数。

转化率：指一个统计周期内，完成转化行为的次数占推广信息总点击次数的比率。它是电商业务的核心指标，转化率提高意味着订单量增加、利润提高。

DAU/MAU（Daily Active User/Month Active User）：指日活跃用户数量和月活跃用户数量，它是电商产品的基础指标，可以清楚地显示产品的运营情况。

DOU＋：抖音推出的帮助主播将内容推荐给更多兴趣用户的内容加热工具。

用户留存率：在互联网行业中，用户在某段时间内开始使用某个平台或应用，经过一个统计时间段，仍然停留在该平台或应用上的用户，被认作是留存用户，这部分用户占当时新增用户的比例即是用户留存率。用户留存率是产品的用户黏性的重要指标，一般统计次日留存率、7 日留存率和月度留存率。

拉新：指拉来新用户，它最直接的指标是新增用户数。

复购：即购买过的用户，发生重复购买的行为。

产业直播：借助线上直播销售渠道，帮助商户拓展销售渠道，同时缓解过剩产能等问题，带动当地经济发展，是地方政府推动企业数字化转型的重要手段。

档口直播：线下有实体店的商家在直播带货平台销售产品。

村播：地方村民、"村官"出镜，在农田、工厂等原产地附近场景开展直播。

走播：主播没有固定的直播间，在品牌店、大型批发市场或田间地头边走边直播带货。

店铺自播：商家店铺发起的电商直播，是店铺自运营的抓手。

公域直播：主播依托于第三方平台，基于公域流量的直播，如淘宝直播、抖音直播等。

私域直播：基于私域流量的直播，如小程序直播等。

品牌专场：主播和品牌合作直播带货专场，即直播时只卖该品牌的产品。

拼场直播：主播在单场直播里，带货多个品牌的产品。

卖货型直播：是目前使用最多的直播，比较适合珠宝玉石、工厂秒杀、服饰鞋包、生活用品、美妆护肤等品类，只要是消费品，就是卖货型直播，侧重点是产品知识和促销活动，关注的是销售额。

场景型直播：比较适合厨具、家居、百货、运动健身等产品，直播时会更偏向于在场景里展示产品如何使用，这些品类的产品可能功能单一，但是放在特定场景里，就会显得很有用，关注的是在线时长。

教学型直播：对于钢琴等类型的产品，选择的是教学型直播，比如在直播间里教你弹琴，关注的是客户关注度。

供应链型直播：比较适合水果、水产、珍珠等品类，就是直接在货物的源头完成直播，侧重点是场地和制造工艺，比如直播水果时可在果园里，直播珍珠时可直接开蚌，关注的也是销售额。

参 考 文 献

[1] 李广乾. 我国电商经济发展现状及特点 [J]. 江南论坛，2014（10）：12-14.

[2] 西泽金融研究院. 直播电商经济：概况、历程与未来 [EB/OL].（2020-08-11）[2022-07-21]. https://zhuanlan.zhihu.com/p/180099489.

[3] 电商报. 2016-2020：电商直播发展简史 [EB/OL].（2020-05-21）[2022-07-22]. https://baijiahao.baidu.com/s? id=1667290191286956281&wfr=spider&for=pc.

[4] 王琴. 浅析电视媒体和互联网直播带货的融合新探索 [J]. 中国传媒科技，2020（08）：54-56.

[5] 澎湃新闻. 直播电商生态江湖最全图景：从网红带货到被缩短的供应链 [EB/OL].（2020-06-13）[2022-07-22]. https://www.163.com/dy/article/FF0CNR620514R9P4.html.

[6] 豆芽播. 直播带货时一定要明确直播间的定位主页 [EB/OL].（2021-06-22）[2022-07-22]. https://www.sohu.com/a/473457904 _ 121081144.

[7] 家电头条. 苏宁最短 618 发布会："20 万＋1"云店，是零售终极形态 [EB/OL].（2020-05-25）[2022-07-22]. https://baijiahao.baidu.com/s? id＝1667783358550779546&wfr＝spider&for＝pc.

[8] 央广网. 互联网营销师国家职业技能标准发布将给直播电商行业带来哪些影响？[EB/OL].（2021-12-03）[2022-07-22]. https://baijiahao.baidu.com/s? id＝1718090424604225127&wfr＝spider&for＝pc.

[9] 锌财经. 直播电商进入下半场，店播或将成为商家的分水岭 [EB/OL].（2022-01-27）[2022-07-22]. https://news.pedaily.cn/202201/485997.shtml.

[10] 卷商业观察. 中联优贝：以互联网营销师培训为撬点赋能直播电商"人货场" [EB/OL].（2021-11-10）[2022-07-22]. https://www.sohu.com/a/500273467 _ 120448265.

[11] 火焱社. 品牌自播和网红直播带货的区别是什么？[EB/OL].（2021-10-09）[2022-07-22]. https://zhuanlan.zhihu.com/p/419551241.

[12] 正能量. 实体店如何抓住直播带货新风口！播什么？怎么播？在哪播？[EB/OL].（2020-03-02）[2022-07-22]. https://zhuanlan.zhihu.com/p/110336724.

[13] 运营胖胖. 什么是人设？主播怎么给自己定位人设？[EB/OL].（2021-08-04）[2022.07.22]. https://zhuanlan.zhihu.com/p/396266353.

[14] 小 Y 的运营笔记. 直播间主播人设如何打造？[EB/OL].（2020-07-23）[2022.07.22]. https://www.jianshu.com/p/ada409f87112.

[15] 圈里圈外科技. 电商直播运营，主播人设如何打造？[EB/OL].（2021-12-03）[2022.07.22]. https://zhuanlan.zhihu.com/p/440813964.

[16] 张凯竣. 优秀淘宝主播的三个维度，做到就是百万级带货主播 [EB/OL].（2018-08-

31）［2022.07.22］. https://zhuanlan. zhihu. com/p/43472066.

［17］pnk 朱. 淘宝店铺直播入门和实操三［EB/OL］.（2020-06-19）［2022.07.22］. https://zhuanlan. zhihu. com/p/149346086.

［18］韩丹. 谋定而动，电商运营执行前的「商品属性分析」［EB/OL］.（2019-09-27）［2022.07.22］. https://zhuanlan. zhihu. com/p/84382819.

［19］适合网络营销的商品特征分析［EB/OL］.［2022.07.22］. https://wenku. baidu. com/view/c2dd01f900f69e3143323968011ca300a7c3f632. html? fr＝income4-wk ＿ app ＿ search ＿ ctrX-search.

［20］程序员学习天地. 新手开网店，该如何给商品定价，定价因素有哪些？［EB/OL］.（2020-05-17）［2022-07-22］. https://baijiahao. baidu. com/s? id＝16669144901278018148.wfr ＝spider&for＝pc.

［21］Cloud123. 电商直播必备——直播设备清单［EB/OL］.（2021-01-23）［2022-07-22］. https://zhuanlan. zhihu. com/p/346481764.

［22］短视频运营崔老师. 做直播需要什么设备？如何搭建自己的直播间？新人直播必看［EB/OL］.（2020-06-04）［2022-07-22］. https://zhuanlan. zhihu. com/p/112420503.

［23］欢拓云直播. 电商直播必备——直播设备清单［EB/OL］.（2021-01-23）［2022-07-22］. https://baijiahao. baidu. com/s? id＝1689667131217281016.

［24］电商运营团队. 如何在电脑端完成店铺入驻［EB/OL］.（2021-8-12）［2022-07-22］. https://school. jinritemai. com/douudian/web/article/103279.

［25］电商头条. 电商直播大战下的商家店播，谁会成为下一个韭菜？［EB/OL］.（2020-06-03）［2022-07-22］. https://www. logclub. com/articleInfo/MjI1NTMtYzc3OTg2ZjA＝.

［26］知网. 微信直播小程序带货新风口［EB/OL］.（2020-07-10）［2022-07-22］. https://zhuanlan. zhihu. com/p/158379645.

［27］知乎. 如何正确选择淘宝直播的时间段？［EB/OL］.（2019-03-08）［2022-07-22］. https://zhuanlan. zhihu. com/p/50583619.

［28］知乎. 直播脚本如何写？策划直播脚本方案必看的60套脚本范文！［EB/OL］.（2021-01-14）［2022-07-22］. https://zhuanlan. zhihu. com/p/343628264.

［29］知乎. 直播新手如何突破冷启动期［EB/OL］.（2021-04-30）［2022-07-22］. https://zhuanlan. zhihu. com/p/369036446.

［30］知乎. 直播复盘怎么写？大主播们都在用的直播复盘策略长啥样，真的不好奇吗？［EB/OL］.（2022-02-22）［2022-07-22］. https://zhuanlan. zhihu. com/p/408983063.

［31］知乎. 抖音直播带货如何做好数据分析？［EB/OL］.（2020-07-09）［2022-07-22］. https://zhuanlan. zhihu. com/p/158174515.

［32］知乎. 电商客服流程［EB/OL］.（2020-06-20）［2022-07-22］. https://zhuanlan. zhihu. com/p/149575138.

［33］杭州麦顶. DOU＋的投放技巧以及注意事项［EB/OL］.（2020-08-11）［2022-07-22］. https://zhuanlan. zhihu. com/p/179883127.

［34］小鹅通无锡奥英代理商. 私域流量转化怎么做？别再发愁了快进来学学［EB/OL］.
（2021-03-15）［2022-07-22］. https://baijiahao. baidu. com/s？id＝1694291023245146834＆wfr
＝spider＆for＝pc.

［35］知乎. 一文读懂公域流量和私域流量［EB/OL］.（2020-06-27）［2022-07-22］.
https://zhuanlan. zhihu. com/p/151074525.